知の古典は誘惑する

小島 毅編著

岩波ジュニア新書 875
〈知の航海〉シリーズ

まえがき

文化は遊び

「古典」と言われて、どんな作品を思い浮かべるでしょうか？

高校生のみなさんなら、きっと国語の教科書に載っている教材、和文（昔の日本語で書かれた、いわゆる古文）なら『枕草子』や『源氏物語』、漢文なら『史記』や『論語』でしょうか。美術がすきな人ならダ・ヴィンチやミケランジェロのルネッサンス絵画、音楽がすきな人ならモーツァルトやベートーヴェンの「古典派」の名曲かもしれませんね。美術・音楽ときたそのついでに、芸術のもう一つの科目である書道もあげるならば、王羲之《おうぎし》や顔真卿《がんしんけい》の作品が古典ということになりましょう。

このように、古典はむかし——ただし、どのくらいの昔かは、そのジャンルや国によって異なります——作られ、今も鑑賞の対象となっていて、そのジャンルでの模範的作品の地位を保っています。では、なぜそうなのでしょう？

人類は長い歴史のなかで文化を築き上げてきました。わたしたちの生活にとって、何百年も前の、しかも外国の文化はなんの関係もないように思うかもしれません。でも、わたしたちは毎日の生活を送りながら、衣食住に直接かかわるわけではないことがらを楽しんでいます。それが広い意味での文化です(衣食住を「生活文化」と呼ぶこともありますが、ここでは除外しておきます)。

人間が他の動植物と異なる点は、衣食住のような生命活動の必要性から見ると、一見ムダに思えること——決してそんなことはないのですが——に時間を費やす、その精神活動にあります。ホイジンガという学者は一九三八年に出版した『ホモ・ルーデンス』という本において、「真の純粋な遊びを文化の基礎であり、かつまた一要素であると指摘」しました(里見元一郎訳、講談社学術文庫、二〇一八年、二三頁)。そもそもホモ・ルーデンスということの書名はラテン語で「遊ぶ人」という意味で、生物学では人間をホモ・サピエンス(知恵のある人)と呼ぶのを意識して、人間の特性を「知恵がある」ことよりも「遊ぶ」ことで捉《とら》えようとしたのでした。

ホイジンガがこの本の後半で述べているように、現代社会にあっては、文化は遊びとは別の「まじめなもの」とみなされています。たしかに、みなさんが国語や芸術の授業で作品鑑賞する時間は、「遊び」ではなく「まじめな」時間ですよね。ホイジンガは文化から遊びの要素が失われる画期は十九世紀だったとします。そして、彼はそのことに批判的な視線を向けます。「社会と人間の精神における経済的要素についての過大評価」が定着し、「社会は自己の利益とその追求をあまりにも意識し過ぎるようになった」(同書、三二六頁・三二九頁)と。

古典の日

じつは、古典は法律で定義されています。二〇一二年に制定された「古典の日に関する法律」の第二条「定義」は次のとおりです。

この法律において「古典」とは、文学、音楽、美術、演劇、伝統芸能、演芸、生活文化その他の文化芸術、学術又は思想の分野における古来の文化的所産であって、我が国において創造され、又は継承され、国民に多くの恵沢をもたらすものとして、優れた価値を有すると認められるに至ったものをいう。（衆議院HPより：http://www.shugiin.go.jp/internet/itdb_housei.nsf/html/housei/18020120905081.htm）

この構文は読みとりづらくて「さすが法律！」という感じですが、「文学、音楽、美術、演劇、伝統芸能、演芸、生活文化その他」の文化芸術と、学術と、思想との三つの分野を古典の構成要素として定義しているものと思われます。このうち「文学」はみなさんおなじみの『枕草子』や『源氏物語』でしょうし、「生活文化」とは茶道や華道をイメージしているのでしょう。そもそも、この法律の第三条第二項で「古典の日は、十一月一日とする」と定められているのですが、『源氏物語』にゆかりがある日付なのでそう決まったのです。『紫式部日記』の寛弘五年十一月一日の条に、知人が彼女に「この辺に若紫はいますか」と冗談を言った記事があり、『源氏物語』の登場人物若紫（紫の上）がすでに知られていたことを示すので、この日付が『源氏物語』の記念日となりました。そして、これらの文化芸術と並べて、学術や思想も古典の対象とされているのです。

学術のことはさておき、思想の分野の「古来の文化的所産」とはなんでしょうか？

この文章冒頭にあげた『史記』や『論語』は、まちがいなくそうでしょう。日本人が書いた作品ではないですが、「我が国において……継承され」、日本文化の要素として定着しています。『史記』・『論語』だけでなく、中国で書かれた作品やインド起源の仏教思想は、昔の日本人のものの考え方、感じ方、ふるまい方に大きく影響を与え、現在の日本文化を作ってきました。そうした外国作品をふくめて、思想の古典は「多くの恵沢をもたら」してきました。

しかし、そもそも「古典の日」が制定されるにいたった——残念ながら、「海の日」や「山の日」と違って祝日ではありませんが——のは、古典がわたしたちの日常からしだいに疎遠になっていると考えられたからでしょう。法律の第一条は目的として、「国民が古典に親しむことを促し、その心のよりどころとして古典を広く根づかせ」ることを掲げています。意地悪な見方をすれば、もし放っておいても自然にそうなっているなら、わざわざこのような法律が作られることはなかったでしょう。わたしたち国民が古典にあまり親しんでおらず、広く根づいていないからこそ、努力目標としてこの法律を制定する運動が盛り上がって実現したのです。

たしかに、この本の執筆者たちのように自分の職業としている者を除いて、いまの日本社会で日常的に古典に接している人は少ないでしょう。衣食住はもとより、便利な交通手段や通信機器とも違って、わたしたちの毎日の生活に必須のアイテムというわけではありません。古典どころか、書物全般が読まれなくなってきています。しかし、これは実にもったいないことです。昔の人たちが多くの恵沢を得てきた古典に、いまやもう価値はないのでしょうか？　そんなことはないはずです。では、古典の価値とはどんなところにあるのでしょう。

知恵の源泉としての思想古典

すぐ役に立つ本はすぐ役に立たなくなる本であるといえる。人を眼界広き思想の山頂に登らしめ、精神を飛翔せしめ、人に思索と省察とを促して、人類の運命に影響を与えてきた古典というものは、右にいう卑近の意味では、寧《むし》ろ役に立たない本であろう。しかしこの、すぐには役に立たない本によって、今日まで人間の精神は養われ、人類の文化は進められて来たのである。（小泉信三『読書論』岩波新書、一九五〇年、一二頁）

刻々と変貌するもの、極端な刺戟《しげき》と興奮に渦巻くもの、そういうものを古典にもとめることはできない。古典というものは、やはり個人の、民族の、人間の魂の原郷につながるものである。そこは人間の平和と自由の世界である。……われわれの現実生活が、変化と、騒音と、艱難《かんなん》との中で、心身ともに疲れきっているときに、古典の意味はいよいよ大きなものとなって、われわれにはたらきかけてくれるであろう。（池田亀鑑『古典学入門』岩波文庫、一九九一年、二二八〜二二九頁。もとは一九五二年に『古典の読み方』として至文堂から刊行）

右に引用した二つの文章は、どちらも昭和二十年代に発表されました。日本が戦争に負けてまもなく、なお大きな惨禍《さんか》から立ち直っていなかったころです。一人目の小泉信三《こいずみしんぞう》は経済学者で、慶應義塾の塾長を務め、当時は東宮御教育常時参与でした。二人目の池田亀鑑《いけだきかん》は国文学者で東京大学文学部教授、まさに古典の研究者でした。この二人はともに明治二十年代に生まれ、大正教養主義のなかで育った世代に属します。そんな彼らが戦後の疲弊《ひへい》と混乱のなかで、専門書ではなく一般国民むけの本において、古典の意義を語っているのです。

二人の言っている内容は似ています。経済復興には役立たない、現実の日常とは縁遠いところに古典はあります。でも、だからこそ、古典は必要なのです。なぜなら、人類はその精神を養い、魂を憩わせるためにずっと古典を読み継いできたからです。この時間的継続性ということ、すなわち「すぐ役に立つ」とか「刻々と変貌する」とかとは対極にあるものとして、古典の価値を見いだすことができるというのです。そしてこの二人が指摘している状況は、二十一世紀の今日、より強まっていると思われます。

高校生のみなさんにとって、いまは何をおいても目の前に迫った就職や受験が重要でしょう。優雅に古典に親しんでいる暇などないのかもしれません。でも逆に、そうした時だからこそ、また人の精神的成長過程でそれを必要としている時期だからこそ、「受験の古文・漢文」以外の場で、古典に触れてほしいと思います。特に、思想的古典——書名としては「知の古典」という表現を使いました——は時間と空間を超えてみなさんの心に響くものを具《そな》えているはずです。

本書はそんなわたしたちの思いから編まれました。

真の文化伝承を

本書の執筆者たちは日本学術会議の「古典精神と未来社会」分科会委員を務めた者たちで

す。この分科会の使命として、いずれ日本を担ってもらうことになる青少年の人たちに古典に親しむきっかけを持ってもらえるような本を作ろうということになり、日本学術会議がかかわっているこの〈知の航海〉シリーズの一冊として加えてもらうことになりました。

とりあげる作品は、日本・中国・インド・ユダヤ・ギリシア・フランスの思想的古典作品、西暦紀元前のものから十七世紀のものまでを含んでいます。もちろん、世界のこれ以外の地域にも優れた古典はたくさんあります。本書で紹介するのは、たまたまその期の委員だったわたしたち執筆者の専門領域に対応した作品であるにすぎません。もし機会があれば、分科会の新しい委員たちに担当してもらって続編を作りたいと考えています。

わたしたちは、みなさんが学校の授業の延長線上にこの本を読むことは、あまり望んでいません。中国語の「勉強」は、「むりに、いやいやながら」という意味のことばです。古典は、いやいやながら仲良くするようなものではありません。みなさんに広い知の世界を見せてくれる、まるで遊びに誘う友だちのように、わくわくさせてくれる存在のはずです。わたしたちは、そんなふうにしてみなさんが古典と接してくれればと考えてこの本を作りました。ですから、気軽に、肩肘を張らずに読んでもらいたいのです。

さきほど紹介したホイジンガは、『ホモ・ルーデンス』の結論部分でこう述べています。

真の文化はある程度、遊びの内容をもたなくては成り立ちえない。なぜなら、文化はなんらかの自己抑制と克己を前提とし、さらにその文化に特有の性向を絶対最高のものと思い込んだりしない能力をもち、しかも自由意志で受け入れたある限界の中で閉ざされた自己を見つめる能力を前提としている。(前掲書、三五八頁)

彼があげている三つの能力を短いことばで言い換えれば、自制心・相対化・批判力ということになりましょうか。それは古今東西の文化の叡智《えいち》の結晶である「知の古典」に親しむことによって培われる能力でもあります。自分のことしか知らないし、また知ろうとしない者は、たしかに「きまじめ」かもしれませんが、危うい存在でもあります。「知の古典」からの遊びの誘いに乗って、みなさんが「真の文化」の伝承者になってくれることを期待します。

二〇一七年の「古典の日」に

執筆者を代表して　小　島　毅

目　次

葦原中国《あしはらのなかつくに》は我《わ》が御子《みこ》の知《し》らす国《くに》

――『古事記』

小島毅

小島　毅（こじまつよし）
東京大学文学部・大学院人文社会系研究科教授。専攻は中国思想史。
著書『宋学の形成と展開』（創文社）、『儒教の歴史』（山川出版社）、『増補　靖国史観』（ちくま学芸文庫）など。

1　『古事記』が描く神話

『古事記《こじき》』は日本という国の成り立ちを述べている本です。といっても、『古事記』に日本という国号は出てきません。「倭」という漢字を使っています。そして、昔からこれをヤマトと読むことになっています。たとえば、あとで紹介する有名なヤマトタケルも「倭建」と表記されています。

『古事記』ができあがったのは西暦七一二年のことだとされています。それは序文が日本の年号で和銅《わどう》五年に書かれているからです。これを書いたのは太安万侶《おおのやすまろ》という人で、『古事記』がどのようにして作られたかがきちんとした漢文で述べられています。

それによると、天武《てんむ》天皇(在位は六七三〜六八六年)が命令し、正しい歴史を後世にのこすため、当時伝わっていた「帝紀《ていき》」と「旧辞《きゅうじ》」とを再調査して信用できる内容にまとめなおし、それを稗田阿礼《ひえだのあれ》という人に暗記させました。それから約三十年後、元明《げんめい》天皇(天武天皇の姪《めい》で、かつ息子の妻。在位は七〇七〜七一五年)の命令で、阿礼が暗誦《あんしょう》した内容を安万侶が文字に記録したというのです。

その内容は、高天原《たかまがはら》というところに次々と神様が現れたことに始まり、そのなかの伊邪那《いざな》岐命《ぎのみこと》（あとのほうでは高天原《たかまのはら》では伊邪那伎命と表記されています）・伊邪那美命《いざなみのみこと》という二柱《ふたはしら》の神（『古事記』では神を数えるのに「柱」という字を使っています）が夫婦となって、地上の島々や風・木・山・野などの神々を生みます。こうして日本の国土が作られ自然環境が整ったわけで、これを国生み・神生みといいます。ところが、伊邪那美は火神《ひのかみ》を生んだときに「神避《かむさり》」して黄泉国《よみのくに》に行ってしまいました。ふつう、これは伊邪那美の死と解釈されています。伊邪那岐は妻に会いに黄泉国に行きますがひどい目に遭い、帰ってきて穢《けが》れを洗いきよめたところ、また多くの神々が生まれました。その最後に、天照大御神《あまてらすおおみかみ》・月読命《つくよみのみこと》・建速須佐之男《たけはやすさのおの》命《みこと》の三柱が生まれます。

ここから主役は天照大御神と須佐之男命に代わります。この姉弟のいさかいから須佐之男は高天原を追放されて出雲国《いずものくに》にやってきます。彼は八俣遠呂知《やまたのおろち》を退治して妻をめとり、その子孫として大国主神《おおくにぬしのかみ》が登場します。大国主は稲羽之素菟《いなばのしろうさぎ》を助けて妻をめとりますが、兄弟たちが妬《ねた》んで彼を二度殺します。母親はそのたびに生き返らせ、ついに大国主を須佐能男（須佐之男）のところに逃がします。大国主はそこでも苦難を与えられますが、須佐能男の娘の須勢理毘売《すせりびめ》に助けられてこれを乗り切り、めでたく彼女と結婚し、出雲に住んで葦原中国《あしはらのなかつくに》を治めます。しかし、天照大御神が「葦原中国は我《わ》が御子《みこ》の知《し》らす国（葦原中国は自分の子孫のものだ）」と主張したので、大国主は土地と人民を天照大御神の孫の邇邇芸命《ににぎのみこと》に譲ります。国譲《くにゆず》りと天孫降臨《てんそんこうりん》と呼ばれる事件です。邇邇芸は日向《ひむか》の地で暮らし、その曽孫《ひまご》として神《かむ》倭伊波礼毘古命《やまといわれびこのみこと》が生まれます。

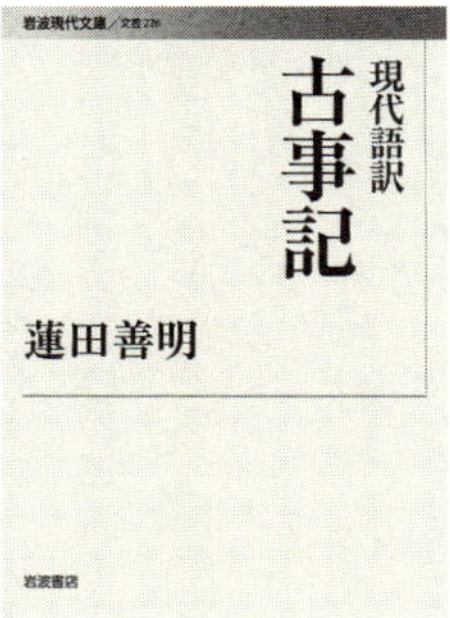
『古事記』蓮田善明訳，
岩波現代文庫

以上、ここまでが『古事記』の上巻です。今では神々の名前はスサノオのようにカタカナで書くのがふつうですが、もとの『古事記』ではすべて漢字で表記されているので、わざとそのようにしました。そして、中巻は神倭伊波礼毘古が東に遷《うつ》って橿原宮《かしはらのみや》に住み天下を治める話から始まります。彼こそはのちに神武《じんむ》天皇と呼ばれる人で、初代の天皇とされています。以下、中巻・下巻では歴代の「天皇」（『古事記』のこの漢字表記は昔から天皇《すめらみこと》と読むきまりです）の事績が語られ、豊御食炊屋比売命《とよみけかしきやひめのみこと》（推古《すいこ》天皇、在位は五九二～六二八年）のところで終わっています。太安万侶が序文を書いたときから見て百年ほど前のことです。

つまり、『古事記』という本は、国土の成り立ちから始めて、須佐之男とその子孫の大国主の活躍（これは出雲神話と呼ばれます）を描き、国譲りと天孫降臨を経て、天照大御神の子孫が統治者として君臨するようになった経緯を述べているのです。ですから、上巻は神話、中巻と下巻はヤマト政権の成立・展開を語る歴史書とみなされるわけです。

2 『日本書紀』との比較

よく知られているように、『古事記』とほぼ重なる内容の本として『日本書紀《にほんしょき》』があります。こちらも国土の生成から説き起こして、天孫降臨・神武東遷による国家建設と、その後の歴史が述べられています（でも、出雲神話は『古事記』ほど詳細ではありません）。『日本書紀』の完成は『古事記』のわずか八年後、七二〇年のことです。そのため、両者はあわせて「記紀《きき》」と呼ばれ、日本神話および太古の歴史についての代表的な書物とされています。

しかし、この二つの本にはいくつかの点で注意すべき違いがあります。

まず、『日本書紀』はきちんとした漢文で書かれていますが、『古事記』はそうではありません。八世紀にはまだひらがな・カタカナは発明されていませんので、『古事記』も全文漢字で表記されています。しかし、その文章は、当時の中国の人が見てもすぐには意味をとれないだろう書かれ方をしています。たとえば、伊邪那岐・伊邪那美以前の神々について、「独神成坐而隠身也」という表現が見えます。これは「独り身の神でいらしてそのまま身を隠された」という意味ですが、漢文(中国語)ではこうは読めません。「成坐」は『古事記』特有の表現でして、無理に漢文で解釈すれば「すわる場所を作った」とでもなってしまいます。『日本書紀』ではこれにあたる箇所を、中国古代の易の思想を用いて「乾道独化(乾《けん》の道独《ひと》り化す)」と表現しています。乾とは天や男性を示す字で、これらの神々が母も妻も持たなかったことを述べているのです。しかも、それらの神々がその後どうなったか、『古事記』

の「隠身」にあたる記述はありません。

このことも関連しますが、『日本書紀』には中国の影響が濃厚に見られます。『古事記』も中国思想の影響を受けているのですが、『日本書紀』の神話記述はきちんとした漢文で書かれているということもあって、非常に中国的です。原初の神々の登場も天地・陰陽《いんよう》・乾坤《けんこん》といった中国思想の用語によって表現されていますし、文章自体、『淮南子《えなんじ》』などの中国古典を利用していることがわかっています。以後の記述にも、中国の思想や文章表現が多用されています。

そもそも、『日本書紀』という書名自体、中国の史書を意識しています。中国では帝王の年代記を「紀」と呼んでいました。司馬遷《しばせん》『史記《しき》』の「本紀《ほんぎ》」がそうですし、班固《はんこ》『漢書《かんじょ》』の帝王年代記の部分は、たとえば「漢書武帝紀《かんじょぶていき》」のように呼びます。『日本書紀』とは、「日本書」の「紀」なのです。これに対して、『古事記』とは単に「昔のことを記録した本」という意味です(そもそも、太安万侶の時からこの書名だったわけではありません)。

そして、大事なこととして、『古事記』本文には「日本」という文字表記が登場せず、中国が使い始めた「倭」という字をそのまま用いているのに対して、『日本書紀』は書名どおり、この国のことを日本と呼んでいます。

以上のようなことから、あわせて記紀と呼ぶのは不適切で、両者はよく似た内容ながらも別個のものとして扱うべきだという説もあります。

そもそも、『古事記』が注目を浴びるようになったのは、『日本書紀』とは異質であるとする学者たちがその価値を強調したからでした。その代表が本居宣長《もとおりのりなが》（一七三〇～一八〇一）です。

3　本居宣長『古事記伝』

本居宣長は日本史や倫理の教科書でもおなじみの、江戸時代後半に活躍した国学者です。彼は生前に一度だけ面会した賀茂真淵《かものまぶち》（一六九七～一七六九）の弟子と称し、真淵の勧めで『古事記』の解読に取り組みました。「解読」と言ったのは、その頃『古事記』全文をきちんと読もうとする人はいませんでしたし、したがって、誰も読めなかったからです。

さきほども述べたように、『古事記』は全文漢字表記がなされています。しかも、上の例で言えば「隠身」のように中国語（漢文）の語順（他動詞＋目的語）になっている箇所もあれば、

「成坐」のように日本独自(もしかしたら太安万侶の創意工夫)の表記のしかたもなされています。漢文式のところは昔の人にとってはかえって読みやすかったでしょうが、後者のようなところは何と読んだらいいのか、そしてどういう意味なのかがわかりにくかったのです。

　そればかりではありません。一見して意味が明確と思われる用語も、本当にその意味で正しいのかは、実はわからないのです。『古事記』本文は「天地初発之時」と始まっているのですが、ここの解釈は今なお研究者によって異なっていて、定説がありません。

　天地は中国思想の重要な語でした。『日本書紀』本文は「古、天地未剖、陰陽不分(昔、天地はまだ分かれず、陰陽も区別できなかった)」と始まります。これはさきほども述べたように中国古典の『淮南子』から借りた文ですので、意味もそれと同じと解してよいでしょう。しかし、宣長は『古事記』の「天地初発」をそれと同じ意味とみなすことを拒んだのです。なぜなら、彼によれば『古事記』は日本古来の考え方を表現しているのだから、漢文で書かれた『日本書紀』と一緒にしてはいけないからです。ものごとを漢文(中国語)によって表記し、中国の発想で理解することを、宣長は「漢意《からごころ》」と呼んで批判しました。

　宣長が、『日本書紀』にではなく、『古事記』にこそ昔の日本人のものの考え方・感じ方が表現されていると主張したのはそのためです。彼の立場からは、『古事記』は『日本書紀』とは別の世界を表現した古典として読まれる必要がありました。彼以前の読み手たちが安易に『日本書紀』などと並べて互いに比較しながら『古事記』を理解したつもりになっていたのは、根本的に間違いだとされたのです。

宣長以前、記紀のどちらが大事にされてきたかといえば、断然『日本書紀』でした。漢文で書かれていて文意が明確ですし、それになにより、きちんとした漢文で書かれていたからです。

私たちは、「日本人の思想や感性は日本語で表記してこそ、十分に意図が伝わる」と考えがちです。しかし、こうした見解はきわめて新しいもの、宣長以後のものと言って差し支えないでしょう。彼以前には漢文こそが完璧な文章表現方法であり、たとえ日本人であっても漢文に習熟することで自分の意見や感情を表すことができるし、そうすべきだと考えられていました。漢文(古典中国語)は単なる外国語なのではなく、現代でいえばグローバルスタンダードの言語だったのです。法典である律令も漢文で書かれていました。八世紀の律令国家が漢文で『日本書紀』を編纂《へんさん》したのも、新興国「日本」(この国名表記は八世紀はじめの遣唐使で初めて使われました）が自分たちの歴史を国際語でまとめることができる、そうした文化的力量を自分たちは持っているのだということを、内外に示すためでした。それ以来、『日本書紀』は権威ある史書とされ、これに続けて『続日本紀《しょくにほんぎ》』や『日本後紀《にほんこうき》』が、『日本書紀』と同じ形式・文体で編まれ、総称して六国史《りっこくし》と呼びます。

これに対して、『古事記』は傍流でした。純粋漢文ではないその不思議な文体は、読者をとまどわせ、遠ざけていたのです。宣長は発想を逆転させて、だからこそ『古事記』は読む価値があると主張しました。そこには「漢意」がなく、昔の日本人の思想や感性（「倭意《やまとごころ》」）が素直に表現されているはずだからです。

ただ、何度も言うようですが、『古事記』は難読の書物でした。宣長はその全文読解に三十数年にわたって取り組みます。そうして一七九八年に完成したのが、彼の代表作とされる『古事記伝』です。

『古事記伝』は注釈書の形式をとっています。すなわち、『古事記』の本文を段落分けし、一段ごとに、本文で使われている語の意味説明、それにもとづく文意の解釈と、こうした作業によって解明できた登場人物たちの考え方・感じ方についての宣長の批評が付けられています。

本居宣長『古事記伝』は、完成前に刊行が始まりこれまた三十数年をかけて全巻が印刷・出版されました。完結したのは一八二二年で、すでに宣長死後二十年が経っていました。宣長の緻密かつ実証的な読解は多くの支持を集め、これ以降、『古事記』を研究しようとする人たちは必ずこの本を参照することとなります。いま私たちが読むことのできる現代語訳も、研究者たちがそれぞれに『古事記伝』を読み込み、宣長説を採用したり批判したりしながら訳しているものなのです。

4 ヤマトタケルの物語

記紀には多くの神々・英雄が登場して活躍しますが、今でも特に有名なのがヤマトタケルノミコトでしょう。『古事記』では倭建命、『日本書紀』では日本武尊と漢字表記されます。漢語の「日本」はヤマトとは読めませんが、ここに暮らす人たちが自分たちの国をヤマトと発音していたからこそ、国号の漢字表記「日本」も訓読みでヤマトと読むようになったわけです。今の私たちはニホンもしくはニッポンと音読みで読んでいますけれど、本来はヤマトとか(漢字二文字のすなおな訓読みで)ヒノモトと呼ぶべきなのかもしれません。

ヤマトタケルの物語は、『古事記』では中巻の景行《けいこう》天皇の箇所に載っています。というのも、彼が景行天皇の皇子だからです。本名を小碓命《おうすのみこと》といいます。その登場はかなり衝撃的です。天皇は小碓に、久しく姿を見せない兄の様子を見にやらせます。数日経ってもあいかわらず姿を見せないので、天皇は小碓に向かって兄に会ったのかと尋ねます。天皇の小碓への指示は「泥疑《ねぎ》」することでした。「もうちゃんとそうしましたよ」と答える小碓。天皇が「どのように?」と訊《き》くと、小碓は平然とこう言い放ちます。「兄が便所に入るのを待ち構え、その手を捥《も》ぎ取ったうえで薦《こも》に裹《つつ》んで投げ棄《す》てました」と。天皇は「泥疑」すなわち「ねぎらう」ことで教え諭そうとしたのですが、小碓は暴力でそうしたというわけです。

現代人の感性からすると、とんでもない話ですよね。だからでしょうか、私が子供の頃に読んだ本では、「父親には殺したと報告して、ひそかに兄を逃亡させたのだ」というお話に作り替えていました。

兄殺しを悪いことと感じるのは、もちろん現代の私たちだけではありません。中国古代の儒教道徳で判断しても、小碓の行為はとんでもないことです。ただ、それこそが宣長に言わせれば「漢意」なのでした。

実は、『古事記』ではその前段で、小碓の兄のひとり(大碓命《おおうすのみこと》)が恋する女性を父の天皇に奪われた話を載せています。そのため、部屋に引きこもったのはその兄で、理由はもちろん女性をめぐる父子の確執であったと解釈されたりします。ところが、宣長は前段の女性問題と兄を「ねぎる」話は別だとします。「女性を父に奪われたから引きこもったのだ」という解釈自体、登場人物の心理を勝手に憶測する「漢意」だということでしょう。本文にはそんな風には書いていないのですから。そのため、小碓にねぎられた兄も、大碓のことなのかもうひとり(櫛角別王《くしつぬわけのみこ》)のことなのかは判断できないとしています。

また、小碓が「裹薦投棄(薦に裹んで投げ棄てた)」のは、なんとなく遺体のことのように読めますが、宣長は捩《ね》じ切った腕だとします。そうすると、兄は必ずしも死んでいないのかもしれません。もっとも、宣長は死んだとも腕を失ったが生きているとも解説しません。本文に書いてあるのは単に「裹薦投棄」だけなので。こうしたところが宣長は妙に実証的で慎重です。

さて、『古事記』が描くヤマトタケルは、万事こんな調子です。このあと天皇の命令で地方にいる豪族を退治しに行きますが、そこで彼が使う手段はというと、女装して近づき騙《だま》し討ちする(熊曽建《くまそたける》)、一緒に裸で泳いで刀を隠したうえで殺す(出雲建《いずもたける》)、といったあんばいで、正々堂々と決闘して倒すわけではないのです。『古事記』ではむしろそうした悪知恵を使う彼のずる賢さに敬意を表しているふしすらあります。おまけに、といってはなんですが、彼の女性遍歴はとても派手で、行く先々で土地の女性と関係を持ちます。(もっとも、これは大国主をはじめ『古事記』に登場する神々・皇族の共通点ですが。)そして、最後は伊吹山《いぶきやま》の神に傲慢《ごうまん》なことを言ってその祟《たた》りにあい、あえなく死んでしまうのでした。

ところで、宣長は「建」はタケルではなく単にタケだと言っています。彼の考証によれば、『古事記』でこの字はそう読むべきなのであって、ヤマトタケルは俗称にすぎず、正しくはヤマトタケノミコトだそうです。もっとも、録音機もない古代のこと、稗田阿礼がどういう発音で暗誦して太安万侶に伝えたのか、確証はありません。(以上、この段の『古事記伝』についての紹介は、後掲する神野志隆光《こうのしたかみつ》氏の研究に依拠しました。)

5　日本の古典としての『古事記』

『古事記』ではこの国を作った神々が活躍し、いわゆる神道の教えを記しているため、神《しん》典《てん》と呼ばれたりします。特に本居宣長『古事記伝』以降、彼の系譜に連なる国学者たちや、国学の影響を受けた儒教の一派(水戸学など)のあいだでは、この本に書かれているわが国の成り立ちを誇りとする風潮が盛んになりました。明治時代になると、学校で記紀に書かれていることを史実として教え、『日本書紀』の年代表記と日付にもとづいて、神武天皇は西暦紀元前六六〇年の二月十一日に即位したとみなされて紀元節《きげんせつ》が定められました。いまの「建国記念の日」です。

一九四五年の敗戦後、記紀に載る神々や初期の天皇たちの話は歴史の授業では教えなくなりました。史実ではないとされたからです。しかし、日本国民たる者が『古事記』の内容を知らないというのでは困ります。昔の人たちはみな常識として知っており、それにもとづいて生活や文化を営んでいたのですから、私たちは伝統知としてこれを受け継いでいく必要があるでしょう。科学的真理ではないものの、日本にとって大切な文化遺産なのです。

もちろん、さきほど例示したヤマトタケルの話など、現代の倫理観からすると目をそむけたくなる内容が少なくありません。男女関係、性についての話題も、私たちの価値観とはかなり違います。しかし、八世紀にはこれが「誇るべきわが国の成り立ち」と考えられていたこと、そうやって私たちの国日本が作られたことは知っておくべきでしょう。『古事記』には現代語訳がいくつもありますので、それらを通じてぜひ昔の人の思想にふれてみてください。

参考文献

『古事記』倉野憲司校注、岩波文庫、一九六三年
『現代語訳　古事記』蓮田善明訳、岩波現代文庫、二〇一三年
『新編日本古典文学全集1　古事記』神野志隆光・山口佳紀校注・訳、小学館、一九九七年
神野志隆光『古事記とはなにか――天皇の世界の物語』講談社学術文庫、二〇一三年
神野志隆光『本居宣長『古事記伝』を読む』全四巻、講談社選書メチエ、二〇一〇～二〇一四年

生身《なまみ》の聖人の書
――『論　語』

土田健次郎

土田健次郎（つちだけんじろう）
早稲田大学文学学術院教授。専攻は中国思想、日本思想、儒教。
著書『儒教入門』（東京大学出版会）、『江戸の朱子学』（筑摩選書）など。

1　『論語』は今でも読まれている

『論語』は、中国古代の孔子の言葉を集め、それに一部分孔子の行いの記録や弟子の言葉も含む書物です。孔子は中国古代の春秋時代の人です(紀元前五五二あるいは五五一～四七九)。『論語』は、儒教の祖である孔子の肉声を伝える書物として、儒教が広まった地域、つまり中国、朝鮮、日本などで多くの読者を獲得してきました。

儒教というと日本では過去の遺物のように見なされがちですが、『論語』に関しては今でも関心が持たれ、少し大きな書店に行けば必ず数種類の『論語』関係の本が置いてあります。つまり表だった儒教の影響力は見えなくても、『論語』を享受する地盤は今なお根強く存在しているのです。

そもそも江戸時代や明治の初年では、幼少年に対しては「素読《そどく》」といって声をあげて古典を何度も読みあげる学習方法が取られましたが、その時の教科書は『論語』が使われることが普通でした。近代以前の読書は黙読よりも音読が主流であったと言われていますが、その中で読み継がれてきた書物は、声に出すと調子のよいものが当然ながら多いのです。『論語』という本は、中国語の発音で読む場合はもちろんですが、日本式に訓読してもまことに調子よく口や耳に残ります。それは『論語』の語句が、現代の日本でもことわざのように使われている場合が多いことからもわかると思います。

たとえば、「故《ふる》きを温《たず》ねて新しきを知る」(為政《いせい》篇)、「朝《あした》に道を聞けば、夕《ゆうべ》に死すとも可なり」(里仁《りじん》篇)という語などがその例でしょうか。このようなこともあって、『論語』は日本人の体の中に染みこみ、中国の古典であるとともに、自国の古典のような存在になっていたのです。

また『論語』は現代の中国や韓国でもかなり読まれています。中国政府は以前は儒教を封建思想として批判していましたが、近年は社会を秩序だて円滑化させる思想として儒教の現代的意味を強調し儒教関係の団体を支援することが多くなりました。一般向けの『論語』関係の啓蒙書もかなり出版されていて、多くの読者を獲得しています。それに日本の高等学校の漢文の教科書には必ず『論語』が出てきますが、中国の高校生も語文(日本の国語にあたる)の授業でやはり『論語』を学びます。

東アジアの若者が今でも学ぶ共通の古典であるという点でも、『論語』は特別な書物なのです。

2　孔子という人

まず孔子という人物について簡単に紹介しておきます。孔子は春秋時代の魯《ろ》の国の人です。当時は周《しゅう》王朝の時代でしたが、周の王家はすでに力を失いつつあり、諸侯が勝手なことをし始めていた時代です。

魯の国は周王朝を作った武王の弟の周公が統治をまかされた国です。この周公は周王朝の制度や文化を作った人物と伝えられ、それゆえ魯の国は小さく隣国の斉《せい》に比べれば軍事力も経済力も劣る国でしたが、周王朝の文化を伝える文化国家でした。この風土の中で孔子は生まれたのです。孔子の基本的姿勢が周の文化や制度の復興を図るものであったことはこのような魯で生まれ育ったことが関係しています。ただそれは多分に理想化されたものでしたが。自分は賤《いや》しかったという孔子の言葉が『論語』にあります（子罕《しかん》篇）。孔子の父は大夫《たいふ》という位の中級の官吏でしたが、どうも孔子は父と別居していたようです。母が死んだ時、孔子は母を父と一緒に葬ろうとしたのですが、父の墓の場所がわからず、人に聞いてやっと合葬できたという話があります。

前漢の司馬遷《しばせん》（紀元前一〇〇年前後）の書いた有名な歴史書の『史記』には「孔子世家《せいか》」という孔子の伝記がありますが、そこでは両親が「野合」して孔子を生んだと書いてあります。この「野合」の解釈にはいろいろとありますが、正規の夫婦関係ではなかったということは確かです。

また孔子は周に滅ぼされた殷《いん》の遺民《いみん》であるという伝承もあります。この殷は濃厚な宗教性を持つ王朝でした。そのこととか、孔子の母が尼丘《じきゅう》という何か神秘的な雰囲気の名の場所に祈って孔子を生んだことや、孔子が大男で頭頂がへこんでいるという常人と異なる風貌をしていたという伝承があることなどを結びつけて孔子を宗教的な祈禱をする巫祝《ふしゅく》集団の出であるとする見方もあります。

　この路線のものでは、漢字学で有名な白川静《しずか》が「儒」を雨乞いをする巫祝の意味とし、ユニークな『孔子伝』を書いています。

　このような説は刺激的で注目を集めやすいのですが、孔子自身は周の文化の方を顕彰していますし、天道や死や神秘的なことについては安易に語りたがらない姿勢を見せているので、そう断言するのには躊躇《ちゅうちょ》されます。もっとも安易に語りたがらなかったということは、それだけ重んじていた証拠だというような解釈もあるのですが。

『論語』金谷治訳注，岩波文庫

　孔子はおそらく父の庇護《ひご》を受けていなかったためか、貧乏でした。最初は倉庫番や家畜係などをやったりしていました。しかし次第に頭角をあらわし、大司寇《だいしこう》(司法大臣)になり国政にも関与したと言われています。ただ当時の魯の国は家老たちが君主をそっちのけで勝手なふるまいをする状態で、理想主義者の孔子は自分の意見が魯の国では受け入れられないことを悟り、諸国を遊歴し自分の道を説きます。ところがどこも最後は孔子を採用してくれず、結局は魯の国にもどり、弟子を教育しながら没します。

このように孔子は政治に熱い志を持ち、それは時には弟子を戸惑わせるほどでしたが、この方面では必ずしも成功したわけではありません。思想家としての理想が強すぎたのでしょう。そこに知識人の宿命を感じ取る人もいます。

ただ多くの優秀な弟子を育て、それが孔子の教えを伝えていきます。弟子たちは孔子の言葉を伝え、それがいつの時か記録され、まとめられたのが『論語』です。

3 『論語』とはどのような書物か

『論語』は、ある意味では未完成の本です。たとえば全く同じ言葉が二箇所出てくることが数例見られます。普通だったら編集する時に重複を整理するはずです。それも重複が前半に一回、後半に一回出てくるケースが多いのです。このことから『論語』はもとは前半と後半が別々に流通していて、ある時期にそれがくっつけられたのではないかという説もありました。

いちはやく伊藤仁斎《じんさい》（一六二七～一七〇五）などは、『論語』はまず前半が編集され、それから後半が補われたのではないかと考証しました、その理由は、前半の最後の郷党《きょうとう》篇は孔子の言葉ではなく礼にのっとった孔子の行いを記したもので、前半だけを独立させると、孔子の言葉を集めた後に孔子の行いの記録がまとめられているという整った体裁になること、後半になると妙に長い章が目立ったり、「六言六蔽《りくげんりくへい》」（陽貨《ようか》篇）、「九思《きゅうし》」（季氏《きし》篇）、「三戒《さんかい》」（季氏篇）、「益者三友《えきしゃさんゆう》、損者《そんしゃ》三友」（季氏篇）など数字でまとめた表現が多くなることです（『論語古義』叙《じょ》由《ゆう》）。

近代以後、『論語』の研究はさらに精密になりました。その代表は武内義雄（一八八六～一九六六）の『論語之研究』（一九三九）と津田左右吉《そうきち》（一八七三～一九六一）の『論語と孔子の思想』（一九四六）です。

武内は、単に前半と後半というのではなく、各篇の個性をさらに分析し、各地で編集された孔子の語録がどのように今の『論語』にまとめられたかを考証しました。次に津田は篇ごとのまとまりにこだわらずそれぞれの篇の中の各章の思想を分析し、思想史的に位置づけをしながら、『論語』の成立を論じました。両者とも結果的には『論語』がほぼ今の形になったのは戦国時代の末以前には遡《さかのぼ》れないとしています。

ちなみに前漢(紀元前二〇六～紀元後八)では、各地域に伝えられたテキストの間で若干の異同もあったのですが、現在の『論語』とほぼ同じものができていました。近年では紀元前五五年に没した人の中国河北省定州の墓や、紀元前四五年の戸籍が発見された北朝鮮の平壌の墓から『論語』の写本(竹簡)が出土しています。

『論語』の編集者については、『論語』の中で「子」という敬称をつけられているのが孔子の弟子では曽参《そうしん》と有若《ゆうじゃく》であることから、この二人の弟子とされたりしてきました。しかし孔子の孫弟子が今の『論語』を作ったのなら、なぜ孔子の孫弟子のまた孫弟子の書である『孟子《もうし》』やその後に出てくる『荀子《じゅんし》』に一言も『論語』に対する言及がないのでしょうか。

『論語』が最終的に今の形になったのが戦国時代あるいはその後であるという説は今でも

それなりの説得力を持っています。ただ『論語』の中にはかなり古い孔子の語の記録も相当含まれていると見られています。孔子の語は『論語』以外の古代の書にも載せられていて、それらを掻《か》き集めた『孔子集語』とか『孔子全集』といった類のものが各種ありますが、『論語』が他の書に比して最もよく孔子の思想を伝える書物であることには変わりありません。

なお『論語』という書名のいわれも不明です。孔子の語を議論して編集したからこういう書名だとかいろいろ言われてきましたが、定論はありません。

いずれにしても『論語』は未完成な本なのです。重複もありますし、表記も統一されていません。たとえば「孔子がおっしゃった」というのを、「子曰《いわ》く」と記しているところもあれば、「孔子曰く」としているところもあります。内容的にも隣国の斉《せい》を富強にした斉の宰《さい》相《しょう》の管仲《かんちゅう》を否定する箇所と好意的な箇所が共存していたりします。

ただ未完成である分、生の素材に近いとも言えるのです。中国の書物は整理が加えられれば加えられるほど脚色されていく傾向があります。『論語』はまだそのような脚色が少ない段階の本なのです。

それと『論語』を読んで不思議なのは、当時の通念からしたら孔子にとって必ずしも有利ではないやりとりがあることです。

たとえば弟子が小さな田舎町で大げさな儀礼を実践しているのを孔子が「鶏を料理するのに牛切り包丁を使う必要があるかね」と揶揄《やゆ》したところ、その弟子に「私は先生の言われた通りやっているのですよ」と切りかえされ、孔子が「今のは冗談だよ」と言った類です（陽貨篇）。儒者にとっては孔子が冗談だよなどと譲歩しては困るはずです。以前は孔子が弟子をためしたのだとかいろいろ辻褄《つじつま》合わせの解釈がされてきましたが、今そのまま見ると孔子の人間味に見えてくるのです。

『論語』は本来孔子を顕彰するために編纂されたものでしょうが、このようにその中にはそれにあてはまらない話もまぎれこんでいて、それがこの本の幅を広げ、ひいては読者に孔子の人間性の豊かさのように感じさせるのです。ほかの儒教の古典、たとえば『孟子』などが一貫して孟子が正しい、孟子の勝ちということになっているのとは異なるのです。

『論語』という本は、編集意図と偶然が重なった不思議な魅力を醸《かも》しだしていて、何か人為と自然の合作のような味のある本です。

4　孔子は完全無欠の聖人なのか

『論語』の魅力は、孔子の言葉でその思想が語られていること、また孔子と弟子たちの生き生きとしたやりとりから孔子の人格がうかがえることです。この孔子の人格をどう捉えるかが、『論語』の解釈の分岐点でもありました。

『論語』の中の孔子像の捉え方には、大きく分けて二つあります。一つは完全無欠の人格者として孔子を捉えるもの、もう一つは誤りを犯しながらも常に向上する生身の人間として孔子を捉えるものです。

前者の代表は南宋の朱子《しゅし》(朱熹《しゅき》、一一三〇～一二〇〇)で、彼にとっての孔子は生まれつき完璧な聖人でした。後者の例としては江戸時代の伊藤仁斎があり、彼は孔子を聖人と見なしましたが、ただ天地も異常があるように人間にも逸脱があり、聖人もその例外ではないとしました。仁斎は、孔子が偉大なのは、誤ってもすぐに改め、無限に道を追求し続けたことであるとしたのです。

この二つの孔子観のうち今から見て無理がないのは後者です。たとえば孔子は生まれつき物事を完璧に知ることができる者が最高だと言っています(季氏篇)。ところが別の箇所では、自分は生まれつき物事を完璧にわかっている者ではないとするのです(述而《じゅつじ》篇)。孔子は自分は未完成で、向上している最中の人間だと思っていました。また孔子が自分の精神遍歴を述べた有名な言葉があります。まず十五歳で学問に志してから、三十、四十と十年きざみで自分の境地の進み具合を簡潔に述べ、七十歳の時に道徳的になりきることで心の自由を得たというものです(為政篇)。孔子は生まれつき悟っていたのではなく、向上する人だったのです。


孔子はあまり自慢話をしませんでしたが、自負していたのは、自分の学問好きであることでした。十軒ほどの小さい村でも自分くらいの道徳者はいるものだが、自分ほどの学問好きはいないと述べています(公冶長《こうやちょう》篇)。学問に喜びを感じ、前進するのが孔子でした。

孔子は自分が聖人であるのを否定してもいます。『論語』では「聖」とか「仁」とかは私が自任できるものではないと言っていますし(述而篇)、『孟子』には「聖となると私にはできないね」という孔子の言葉を載せています(公孫丑《こうそんちゅう》上篇)。それに孔子が自分が誤っていたということをにおわす箇所もあります。孔子無謬《むびゅう》説を採る注釈者はこのような言葉を孔子の謙虚さをあらわすものだとか、孔子が弟子たちを指導するうえでの方便《ほうべん》だとするのですが、何か無理を感じます。

もっとも、先の『孟子』の孔子の語の後に弟子の子貢《しこう》の「孔子はもう聖人です」という語が続いているように、孔子自身の自覚とは別に、弟子たちは孔子を聖人とみなそうとしています。

5 『論語』の仁の思想

『論語』の中心の道徳は、「仁」です。この「仁」は孔子が初めて言った言葉ではなく、日常語として使用されていたものです。ただその意味は外見的なかっこうのよさとか優美さといったものだったらしく、孔子はそれを内面化したのです。そのため仁について質問する弟子たちは仁という語自体は知っていたのですが、孔子が特別な意味でそれを使用するものですから、仁について孔子に聞いているのです。

そのせいもあってか、孔子の仁の説明は状況によって異なっていて、とりとめがありません。自分に打ち勝ち礼に復帰することとしたり(顔淵《がんえん》篇)、具体的な徳目を列挙してみたりしているのはよいのですが(陽貨篇)、苦労して結果を得ることと言ってみたり(雍也《ようや》篇)、中には訥弁《とつべん》であることとしているところさえあります(顔淵篇)。その中で重要なのは「人を愛す」という説明で(顔淵篇)、そこに見られるように仁は基本的には他者に対する思いやりなのです。ただその思いやりはのんべんだらりとした情緒的なものではなく、家族や社会の秩序に沿《そ》って発揮されるものとされています。

仁とは人と人の間で成立する道徳です。つまり人間の心の自然な動きを根拠に持ちながら、同時にそれが社会性を獲得していなければならないものでした。『論語』には、死後の世界の描写も、神の啓示も、予言も出てきません。超越的な存在としては天が出てきますが、孔子の信仰の対象であったのか、運命や使命といったことの単なる象徴的表現なのかについては諸説あります。いずれにしても『論語』からすなおに引き出せるものは、日常にまみれながらこの世間の中で人格的完成と政治的理想を限りなく求める孔子の姿勢です。

6　人類の教師

近代日本を代表する倫理学者であり文明批評家である和辻哲郎（一八八九～一九六〇）は、その著『孔子』（一九三八）で、孔子のことを「人類の教師」の一人に数え上げました。それはその教説の普遍性を言うものでしたが、この「教師」という言葉は、弟子に対する柔軟な指導を見ていると、特に孔子にふさわしいという感じがします。

孔子は弟子に対して、問題意識を持ち自問自答しない者を自分は指導できないと言います（衛霊公篇《えいれいこうへん》）。この箇所は質問しない者は指導できないという意味にもとられますが、ともかくも弟子たちが単に講義を聞くだけではなく、主体的に学問を行うことを求めていることには変わりありません。弟子がやる気を起こさなければ啓発はしないという語もあります（述而篇）。

また仁に関しては師にも譲らないという言葉もありますし（衛霊公篇）、弟子の子貢は孔子には固定的な師はいず、有益な言葉を言ってくれる者は全て孔子の師であったということも言っています（子張篇《しちょう》）。師弟関係を上下関係として権威的に固定化するのではない柔軟な姿勢がここにあります。

孔子の弟子に対する姿勢は時に厳しく時に暖かいものでした。最愛の弟子の顔回《がんかい》（顔淵）が若くして死んだ時に号泣したり（先進篇《せんしん》）、悪病にかかった弟子の伯牛《はくぎゅう》を見舞った時、窓から手をにぎって嘆いています（雍也篇）。

その一方で昼寝をした弟子の宰予《さいよ》（宰我《さいが》）を厳しく叱責もしています（公冶長篇）。孔子が重病になった時に、弟子の子路《しろ》が孔子の門人を諸侯や家老に仕《つか》える臣下に仕立て立派な葬式をあげる準備をしましたが、回復した後、孔子が言った言葉があります。「且《か》つ予《われ》其の臣の手に死なんよりは、むしろ二三子の手に死せん」（子罕篇）。そのようなたいそうな葬式よりは自分は諸君の手の中で死にたいのだよ、という意味です。このようなところに、我々の先人は師弟関係の理想を見てきたのです。

孔子と弟子たちの問答を見ていると、弟子たちの個性も浮かび上がってきます。秀才でありながらひたすら謙虚な顔回、しばしば行き過ぎをたしなめられる豪傑肌の好漢の子路、聡明でそつがないが今ひとつ足りない子貢、問題児だが時に本質的な疑問をなげかける宰予。中島敦《あつし》(一九〇九~一九四二)の小説『弟子』は、子路を主人公にしながら孔子一門の師弟関係を生き生きと描いたものですが、このような小説の素材になる面も『論語』にはあるのです。

7　古典としての古典学

『論語』は漢文で書かれていますが、この言語の特色として複数の意味を発生しやすいことがあります。『論語』の語句も多様な解釈を生み出してきました。たとえば「民は之《これ》に由《よ》らしむ可《べ》し。之を知らしむ可からず」(泰伯篇《たいはく》)は、「可」を要求と取るか可能と取るかで次のように解釈が分かれます。

1、民はつき従わせるべきで、あれこれ教える必要はない。

2、民はつき従わせることができるだけで、わからせてあげることは難しい。

1のタイプは愚民思想として悪評高いものですが、仁斎のように、民には教化の恩恵をあたえてもそれを悟らせないように自然にやれと解釈するものもあります。また2のタイプの代表は朱子ですが、荻生徂徠《おぎゅうそらい》(一六六六〜一七二八)のように、民には能力差があるから教えをわからせられない者もいるのであって、わからせるのを教えとすると教化に漏《も》れる者が出てきてしまう、とするのもあります。

また「三軍も帥《すい》を奪う可《べ》きなり、匹夫《ひっぷ》も志を奪う可からざるなり」(子罕篇)も、普通は、「軍隊の将軍を奪うことはできても、匹夫(取るに足りない者)の志を奪うことはできない」と心の問題の重要さの主張としますが、徂徠などは君主のための語であって、匹夫であっても侮《あなど》れないということだとしています。その方向では、さらに匹夫であってもその染みついた志向を教え導くのは至難だという嘆きの言葉だというのまであります。このように『論語』の語句は解釈者の思想を映し出す鏡のような面も持っているのです。

そもそも『論語』は素材として投げ出された書のようなところがあり、その読まれ方は様々でした。もちろん儒教の経書としての権威は持ったのですが、中国の中世では少年用の教科書としての使われ方もしていました。

近世になると誰でも聖人になれるという思想が儒教でも強くなり、理想的人格の体現者としての聖人孔子を『論語』から読み取ろうとする方向性が強くなります。つまり多様な理解が可能な書物であり、それゆえ注釈書も数多く作られましたが、その中には権威を持ち、それ自体が古典になるものも出てきました。その代表としては、魏の何晏《かあん》の『論語集解《しっかい》』、南宋の朱子の『論語集注《しっちゅう》』があげられます。

特に『論語集注』は、著者の朱子の思想の広がりにともない、中国のみならず東アジア全体に多大な影響を及ぼしました。朱子の思想である朱子学を信奉する人々にとって、『論語集注』はそれ自体が古典となりました。いわば古典学が古典になったわけです。

また一方で『論語集注』を批判する注釈書も書かれるようになりました。有名なのは江戸時代の伊藤仁斎の『論語古義』や荻生徂徠の『論語徴《ちょう》』です。

これらの書もそれぞれの著者を信奉する人々にとっては古典としての地位を得ていきます。仁斎は朱子のような宇宙や心についての過剰な議論を拒否し、儒教の道はあくまでも日常の中で踏み行うもの以外の何物でもないことを示した書として『論語』を解釈しました。

徂徠は朱子のみならず仁斎をも個人道徳に偏《かたよ》っていると批判し、道をあくまでも政治的文化的制度とみなし、その道を後世に伝えた孔子の立場を示す書物として『論語』を捉えました。これらの書もその学派に属する人はもとより多くの人々に参照され、古典としての地位を獲得していきます。そのうちに儒教をこえて、本居宣長の弟子の鈴木朖《あきら》（一七六四～一八三七）の注のような国学者の手になるものも出てきます（『論語参解』）。

明治以後のトピックだと、近代日本を代表する実業家の渋沢栄一（一八四〇～一九三一）が自分の経験や生活信条と重ね合わせた『論語講義』を著したことがあります。この本は政治家、財界人、一般の読者に幅広く読まれてきました。なお、今でも経済的成功者が自分のバックボーンとして『論語』をあげたり、解説書を書いたりすることはしばしば見られます。また道徳的な教訓を書いた日めくりカレンダーのように『論語』を享受することもなされています。これらは古典になるようなものではありませんが、これも『論語』の読み方の一つなのです。

ともかくも、『論語』本文自体を読み込むことはもとより、歴代の代表的な『論語』の注釈を見ていくのも、古典を読む醍醐味を感じさせてくれるものなのです。

参考文献

『論語』金谷治訳注、岩波文庫、一九九九年
『論語』木村英一訳注、講談社文庫、一九七五年
宮崎市定『現代語訳　論語』岩波現代文庫、二〇〇〇年
朱熹『論語集注』全4巻、土田健次郎訳注、平凡社・東洋文庫、二〇一三〜二〇一五年
朱子の注に仁斎と徂徠の解釈の要旨も付しているもので、『論語』解釈の多様性がわかります。
和辻哲郎『孔子』岩波文庫、一九八八年
合山究『論語解釈の疑問と解明』明徳出版社、一九八〇年
金谷治『孔子』講談社学術文庫、一九九〇年
白川静『孔子伝』中公文庫BIBLIO、二〇〇三年
中島敦『弟子』、『李陵・山月記』新潮文庫に収録、二〇〇三年

形而上学の幕開け

——『老　子』

堀池信夫

堀池信夫（ほりいけのぶお）
筑波大学名誉教授。専門は中国思想史。
著書『中国哲学とヨーロッパの哲学者（上・下）』（明治書院）、『中国イスラーム哲学の形成』（人文書院）、『知のユーラシア』シリーズ（明治書院）など。

1　はじめに

中国では紀元前六世紀ごろから諸子百家《しょしひゃっか》の時代がはじまりました。

諸子百家の時代とは、戦国の歴史的環境下に、多くの国々が対立抗争していた中で、多くの哲学者たちが学説をさまざまに立て、政治の実際に採用されることを競った時代でした。法律重視の「法家《ほうか》」、農業重視の「農家《のうか》」、戦争技術を説く「兵家《へいか》」、そして外交戦略を説く「縦横家《じゅうおうか》」等々があらわれましたが、なかでも後世に大きな影響を残したのは「儒家《じゅか》」と「道家《どうか》」の思想でした。

儒家思想は、中国的に特異な形態をもった倫理・政治・社会思想です。歴史的には東アジア地域全体に影響をあたえ、この地域の人々の日常に深く刷り込まれました。

現在の日本は民主主義社会ですが、日常的にはそうとは意識せずに儒家思想に沿う行動をとってしまっていることも少なくありません。中国は社会主義国家ですが、その国家的行動様式の本質は儒家の華夷《かい》思想にあります。

このような儒家思想は、中国的な特異性をそなえつつ、東アジアの社会に広く深くコミットしていました。

一方、道家思想は、とりわけ道家思想を代表する老子の思想は、個々の人間の内面や自然、そして超越的世界についての洞察がきわだつものでした。そのため老子の思想は中国という地域・空間を越えて、広く世界の人々に直接働きかけるだけの力をもっていました。大航海時代の十六世紀に、ヨーロッパへの東洋思想情報伝達がはじまってより以降、近・現代に至るまでの東西思想の接触の深まりと、また自然科学以外は学問にあらずという風潮の高揚・社会浸透にともない、老子思想の重要性はさらに増してきているように見えます。

2 老子の謎

とはいうものの、老子という哲学者とその著作とされる『老子』という書物の成立については、今のところ謎だらけです。

そもそも老子という人物ですが、実在したかどうか疑わしいのです。老子の伝記はいろいろとありますが、どれをとっても信用しがたい荒唐無稽なものがほとんどです。老子という人物はいたのか、いたとしたらどんな人物だったのか。後世に描かれたいいかげんな人物像はともあれ、真相は今日でも謎のままです。

では『老子』書の成立はどうでしょうか。『史記』によると、老子は孔子と同時代の人とされています。ならば『老子』はそのころに成立したのか、というと、ちょっと違うようです。『老子』書中には孔子よりのちの時代の人である孟子批判のような記事があります。とすると、『老子』の成立は実際は孔子よりものちの時代だったと考えるのがどうも穏当《おんとう》のようです。

『老子』蜂屋邦夫訳注，岩波文庫

また現行『老子』が、成立当初の形態を受け継いでいるのかということも問題になります。近代以降の『老子』の研究は非常に精密・緻密《ちみつ》に行われ、訓詁《くんこ》学《がく》・校勘学《こうかんがく》・目録学、また書誌学や文献批判の学、総じて「文献学」と呼ばれる方法・技法が駆使され、原型『老子』が探求されたのです。

日本の『老子』研究では、小柳司気太《おやなぎしげた》『老荘の思想と道教』、津田左右吉『道家の思想と其の開展』、武内義雄『老子之研究』、木村英一『老子の新研究』など、非常にすぐれた成果を得ることができました。なおこの研究方法は、『老子』のみならず、あらゆる中国古典研究に適用されうるもので、技術的に非常に高度に発展していたといえます。この高水準の技法は現在でも大きな価値があり、後進の中国古典学者には、そうした技法の習得・練達が期待されています。

ただし、『老子』に関しては二十世紀の後半、その文献学技法を一気に飛び越してしまうかにも思える考古学上の発見がありました。一九七三年湖南省長沙市《ちょうさし》の馬王堆《まおうたい》から、前漢初期(紀元前三世紀〜二世紀)の『老子』が出土しました。一九九三年には湖北省荊門市《けいもんし》の郭店《かくてん》から戦国中期(紀元前四世紀ごろ)の『老子』が発掘されました。とくに郭店『老子』の戦国中期は、孔子より少しのちの時代にあたります。従来の文献学的研究で『老子』が形成されたと考えられている時期に相当近い。ということは、もしかすると原型『老子』、あるいはそれに近い『老子』が出土した、ということになります。

そして出土『老子』についても学者の研究が鋭意進められました。その研究方法は、まずは現行漢字とはまったく異なる形の漢字の解読ということが主となりましたが、その先にある文献の価値・意味堅めには、従来からの文献批判・文献学の技法が縦横に駆使されたのです。

こうした研究の結果、出土『老子』のテキスト内容と現行のテキスト内容とのちがいは意外に大きくないということがわかってきました。そこで以下、現行テキストによりつつ出土文献をふまえた、現段階でのもっとも安定的なテキストである蜂屋邦夫『老子』(岩波文庫、二〇〇八年)をふまえつつ述べていきます。

3　無為と自然

無為自然

老子の思想というと、一般的にすぐに口をついて出てくるのは「無為自然」ということばでしょう。何もしないであるがままにまかせる。とてもゆったりとした、気分のよいことばです。筆者のような年寄りには、どうにも気を引かれざるをえないことばです。

ただじつは、『老子』書中では「無為自然」という熟した表現は出てきません。「無為」と「自然」とはそれぞれ別の場所で使われているのです。「無為」と「自然」が一語に熟したのはしばらく後代になってからで、最初の用例はおそらく漢の王充《おうじゅう》『論衡《ろんこう》』(紀元一世紀ごろ)でしょう。その初稟篇《しょひん》に「自然無為、天の道なり」とあります。

ところで『老子』の思想について初めて批評した『荘子《そうじ》』(紀元前三世紀ごろ)の天下篇に、「濡弱謙下《じゅじゃくけんげ》をもって表となし、空虚をもって万物を毀《こぼ》たざるを実となす」とあります。

この文の意味は、表面的には「濡弱謙下(やわやわと柔弱でへりくだっている)」であるけれども、その実質は「空虚にして万物を毀損しない(自分は「無」でありつつ、あらゆるものをそれとして存在させる)」ということです。そしてどうやらこれらの、「濡弱謙下」が「無為」に、「空虚にして万物を毀損しない」が「自然」にそれぞれ対応する、ととらえられていったのではないかと思われます。「無為自然」は、『老子』の思想の本質をうまく簡潔に言いあてたことばとして、次第に普及していったものなのでしょう。

無為

ここから「無為自然」をもう少し分析的に見てゆきたいと思います。

まず「無為」とは、表層的には「濡弱謙下」という形をとりつつ、人間の本来的なあるべき・行為すべき方向をやや屈折しつつ示すものといえるでしょう。『老子』はいっています。「学を為す者は日に益《えき》し、道を為す者は日に損す。これを損しまた損し、もって無為に至る。無為にして而《しか》も為さざるなし」(『老子』四十八章)と。それは勉学につとめて日々に向上してゆこうという日常的・一般的な人間の心がまえには反します。世間の肯定する勉学ではなく、「道」という規範にしたがって行為してゆくことが、人間のあるべき方向だとするのです。「道」というのは『老子』や道家思想において、至高の状態、あるいは至高の状態を体現していることです。そしてその「道」にしたがう行為とは、世間的常識には反する「損」という行動でした。ふつうの日常基準からすると下降方向に向かう行動です。「濡弱謙下」です。この「無為」の「濡弱謙下」は人間の恣意でおこなう意気地なく、だらしないものではありません。本質的な場において、平凡なる人為を廃した、「道」にしたがう行為なのです。

この「濡弱謙下」的方向、つまり「道」にしたがいつつ下降に下降を重ねてゆきますと、ついにどん底まで至ります。とそこに突然、それまでになかったとんでもない境地が開けてきます。「これを損しまた損し、もって無為に至る」。究極的な「無為」の状態です。まったくなんにも企図・意図することのない、まったくなんにも行為することのない、まったくまっさらな状態です。しかしそのまっさらな状態に至ったとき、そこには人にとっての本来的なるものすべてが備わっていて、そこからはあらゆるものを描き出し生み出せる可能性、「無為にして為さざるなし」という、万能の状態がもたらされます。それは、世界内においてもまれな状態です。「吾れ是《ここ》をもって無為の益《えき》有るを知る。不言《ふげん》の教え、無為の益は、天下、これに及ぶもの希《まれ》なり」(四十三章)と。

自然

つぎに「自然」ですが、もちろんそれは「おのずから然《しか》る」ということです。いいかえれば、ものごとがあるがままに存在しているということ、そのこと自体です。さきに、『荘子』の「空虚にして万物を毀損しない」ということを見ましたが、あるがままに存在していることは、本質において「空虚」であることによって、自然的に存在している事物に対して毀損的はたらきかけをしない、ということだろうと思います。自然的に存在している事物には、もちろん人間のいとなみの自然性ということも含まれているはずです。

ところで、こうした自然的事物・人間の自然的営為に対しては、当然ですがそこにはそれを観察する営為、つまり人間の「知(知性)」の問題が生じてきます。それは人間の「知」が、みずから「知」的行為をおこなうとともに、その「知」的行為を反省的にとらえるという事態が含まれます。つまり人間はみずからの「知」を客観化してとらえる「知」をもつというわけです。

そしてこうした「知」の自己客観化、反省的構造からすると、客観的自然と内なる知を含めたすべての自然的なものにとどまることのない、さらにその上に超越するものを見る目、あるいは知る「知」が養いもたらされえます。「自然」の視点は、客観的である自然的理・物質的自然から、その上に超越する視点・「知」に至ることになる、ということです。

そうした「知」によって見出される、自然(物質的自然)を超越しそれらの根源・根本としてあるものを、『老子』では「道」と呼びます。「道は沖《くうきょ》にしてこれを用うるに或《あ》いは盈《み》たず。淵《えん》として万物の宗《おおもと》に似たり」(四章)と。

「道」について『老子』は、「道は大なり、天は大なり、地は大なり、王もまた大なり、域中に四大あり、而《しか》して王はその一に居る。人は地に法《のっと》り、地は天に法り、天は道に法り、道は自然に法る」(二十五章)という、大がかりな概念表飾をおこなっています。ここで「四大」と呼ばれている概念は、「王(人)→地→天→道→自然」という五つの階梯《かいてい》・序列(秩序)を形成しています。これらは自然的なものから超自然的なものへの階梯を形成しているのは見たとおりですが、最後の「自然」は、その階梯の究極として、普通の「自然」とは異なるものです。「道」が通常の自然性を越えた「自然」としてあることを示すものといえます。

かくして「無為自然」とは、日常の生活スタンスは「濡弱謙下」でありつつも、その行為は本来的意味においては、はるか形而上《けいじじょう》の「道」につらなっているものということになります。

『老子』には、「是《ここ》をもって(道を体得した)聖人は無為のことにおり、不言(もの言わざる)の教えを行う」(二章)とあります。無為の聖人は「道」のこの「もの言わざるの教え」を受けて、「無為」の行為をおこなっているというわけです。したがって「無為」の行為とは、まさに形而上的「道」にしたがい・つらなった生活ということになるでしょう。「無為自然」

とは、日常の生活スタンスから高度な形而上的境地に至るまでの事態を、端的・簡略にまとめこんで表現したものだったのです。

4　道と無

道

さて、「道」は自然的なるものをすべて越えた、それ「以上」のものでした。その論理的位置づけをもう少し丁寧に見てみましょう。

さきに「道は沖《くうきょ》にしてこれを用うるに或いは盈《み》たず。淵として万物の宗《おおもと》に似たり」（四章）という文章を引用しました。これは「道」は空虚なものでありつつ、万物のおおもとのようなものだ、とするものでした。そして「道」が万物のおおもとであるのは、「道は一を生じ、一は二を生じ、二は三を生じ、三は万物を生ず」（四十二章）という文からも明らかです。この場合、「道」からはもっとも単純な素材が生成され、さらにより複雑なものが生成され、ついには世界内に存在する万物すべてが生成されるというのです。

この「道」の概念は、中国史上はじめて提起された超越的概念だったといえます。そして「道」は物質性を越える形而上的概念でもあったのですが、それは『老子』においては、人間の「知」が、ただの客観的観察的知を越えた新次元の「知」の段階に至っていたことをも示すものでした。それゆえ『老子』の思想は、人類の知の歴史において大きな画期をなすものでした。

『老子』は一方でまた、「道」の実質内容を説明して、「物有り混成し、天地に先だちて生ず。寂《せき》たり寥《りょう》たり。独立して改まらず、周行して殆《やす》まず。もって天下の母となすべし。吾れその名を知らず、これに字《あざな》して道という」(二十五章)としています。ここでは、「道」は「天下の母」「天地に先だちて生ず」のように、天地に超越する超越性も示されています。がしかし、「道」自体の形容・様相は「寂」や「寥」など、明瞭な認知の不能なものとも描かれています。ところが、そもそもこの文章では「物有り」と、「道」は「有るもの」と位置づけられています。形容・様相が不明瞭であったとしても、それが「有るもの」なら、「道は沖《くうきょ》」であることと、どういう関係にあると見たらよいのでしょうか。

無

『老子』においては、「道」は万物を生成するものでした。生成された万物は「有」という形態をとって存在しているのですが、これについて『老子』は、じつは「有」は「無」がそのおおもとになっている、としています。その『老子』本文は、「反とは道の動。弱とは道の用。天下万物は有より生じ、有は無より生ず」(四十章)というものです。これは「道」とは「無」であることを強く示唆します。また十一章ではものごとの存在と機能は「無」があるからこそであると述べています。

一般的に、「無」ということはきわめて日常的で素朴な事態です。誰もが、「～がない」ということを直観的に了解することができます。ただ、万物を存在させる「道」が「無」であるということになると、誰もが簡単に了解できることとは思われません。

しかし『老子』はその「無」＝「～がない」ということこそ「道」の本質的属性、あるいは根源的機能であるとし、それが万物を生み出すとしていました。たんなる「ない」のではなく、それ自体の存在性は「ない」ものの、しかしその機能は、存在を生成することからはじまってその後無限的に広がっている、そのようなもの(「有」るもの)とされています。簡明単純に理解するのはなかなかむずかしいといわざるをえません。

『老子』の「道」はかくして「物有り」という確かに「有」るものであるということと、「無」であることとが、並行的に提起されているということになります。つまり「無」は「有」であり、あるいは「有」は「無」である、ということです。変です。中国史においてはじめて提起された超越的概念であるにもかかわらず、「道」はそれ自体のうちに意味の微妙な揺れ、もっとはっきりいえば矛盾を、抱えこんでいました。つまりさきの「有るもの」と「道は沖《くうきょ》」の問題です。

有と無

では、『老子』はこの矛盾をどう解決しようとしていたのでしょうか。結論的にいうと、『老子』においては、論理的突き詰めによる解決の意思はそれほど強くはありませんでした。ただ『老子』では「道」を、おぼろげで奥深くぼんやりとかすんでいて、その全体を見わたそうとしても把握できそうにもない、そういう形容をおこなうことによって、論理的突き詰めではない方向での解決が目ざされています。

おぼろげで不確かで奥深く、ぼんやりとかすんだような形容。このことは「道」は「有」ではあるものの、「有」るものとしてはとらえにくいものであるということを示します。すなわち「これを視《み》れども見えず……これを聴けども聞こえず……これを搏《さす》れども得ず」(十四章)ということです。この不確かさ・奥深さの上には、さらに「無状」(十四章)、「無隅」(四十一章)、「無形」(四十一章)等々の「無」的形容語が付け加えられます。論理的には真の「無《ない》」ではないけれど、無形的形容語の表現の重畳によって「道」の「無」性が彫琢《ちょうたく》され、固められます。『老子』自体における解決の方向性はこのようなものであったわけです。

「道」という万物の根源を設定し、それを「無」と規定した『老子』の思想は、超越的概念の設定という点において画期的なものでした。しかしその概念自体はまだある意味完熟したものではありませんでした。しかし、存在の根源とは何かという、素敵に知的な課題、またあわせて「道」や「有」「無」を論理的に説明しようというすばらしく知的な課題は、その後の学者たちの知性を刺激しつづけることになります。

5　むすび――『老子』思想の展開

中国の形而上学・超越的なるものへの志向は『老子』から始まりました。それはなかなか本質を見せない明晰《めいせき》ならざるものを、知にもとづいて明晰に突き詰めてゆこうという営みでもありました。とはいえその営みはただちに明快な結論をもたらすものではありませんでしたが……。ただし、一度そういう課題が知にもたらされてしまうと、もはや人間はそれから逃れることができません。『老子』ののちもその探求はとどまることはありませんでした。

道家思想として『老子』に引きつづく戦国時代の『荘子』は、「无《む》なるもの有り。未だ始めより无なるもの有らざる有り。未だ始めよりかの未だ始めより无なるもの有らざること有らざる有り。にわかにして无有り」(斉物論《さいぶつ》)と、まるでパズルのような論理構成で、いわば「無(无)の無の無」的に存在の始原を追い求めました。しかしそれは理知的に完璧に詰めきれるとは思われないところがありました。

前漢の『淮南子《えなんじ》』(紀元前一五〇年ごろ)は、『荘子』の論旨を基盤に、気の概念を導入したり、また「無」については「無有において退きて、自ずから失わるるなり」(俶真訓《しゅくしんくん》)などのかなり深い解釈も示しましたが、論理的・理知的前進ということではまだ疑問符がつくものでした。

漢代中期の厳遵《げんじゅん》(紀元前一世紀ごろ)は「虚の虚」「無の無」「無無の無を無とする」など、存在の始原をたずねて無に無を(否定に否定を)重ねてゆく思索を進めました。ただそれは論理的には一種の負のスパイラルにおちいるもので、存在の始原への理知的到達にはやはり疑問符がつきました。

魏の王弼《おうひつ》(二二六～二四九)は、そういった「無の無の無」的発想の行き詰まり感を突破した学者でした。彼は万物を生成する根源は「道」であるとし、その「道」を含むすべての「有」を存在させているものを、「無」としました。すなわち「無」は、全存在者(「道」を含む)が存在していることを、そのようになさしめているものです。「およそ有はみな無に始まる」(『老子』一章注)。なおここでいう「無に始まる」とは、「無から生成する・生まれてくる」のとは異なります。全存在者がその存在性を発揮してそれがそれとして存在しようとしているその事態を、そのようになさしめている、ということなのです。

そして「無」とは、決して全存在者(「道」を含むすべての「有」)ではなくして「無＝ない」、決定的・絶対的な「無い」です。王弼は「まさに有を全《まった》くせんと欲せんとすれば、かならず無に反《かえ》るなり」(四十章注)と述べ、全存在者を完璧に存在させんがためには必ず「無」に返るべしとしていますが、これは逆から見ると「無」それ自体は全存在者であってはならないということにほかなりません。そして「無」は全存在者であってはならないとするその時点で、人間にとって認識不能、というよりも把握認識の圏外にあるものということになります。それはこの世界にとってもまったく外なるもの・他なるものです。

「無」はそういった次元において、そこから全存在者を存在させている(「有」を成り立たせている)ものなのです。そして存在への考え方がここまで突き進められると、それはもはや人間の知にとっては一種の臨界到達にほかなりません。王弼の思索はそんなところにまで至っていたのです。

くだって、宋代儒教における「理」の思想も、儒家という立場上、『老子』や道家思想の「無」に反対して、「有」の立場を堅持してはいましたが、論理展開の細部の形態や表現に立ちいってゆくと、『老子』以来の知の策軸上にあるものだということが見えてくるものでした。

『老子』の解釈・注釈は『荘子』以来、多くの哲学者によっておこなわれてきました。思想史的に重要なもののみでも、前記厳遵・王弼を含めて、ゆうに数十を数えます。歴史上著作された『老子』の全ての注釈・解釈となるとほとんど無数です。今日においてもなお、たとえば日本国内においては年間十冊ほどの解釈・注釈書が刊行されています。中国や台湾・シンガポールなどを含んだら、どれほど多くのものが生み出されているのか見当もつきません。

こうして戦国時代に『老子』が開発した形而上的思考は今日までえんえんと影響を残しつづけました。そしておそらく未来にわたっても永く影響を残すことになるのだろうと思います。

参考文献

池田知久『『老子』——その思想を読み尽くす』講談社学術文庫、二〇一七年
『老子』小川環樹訳注、中公文庫、一九九七年

金谷治『老子』講談社学術文庫、一九九七年
神塚淑子『『老子』——〈道〉への回帰』岩波書店、二〇〇九年
沢田多喜男『『老子』考索』汲古書院、二〇〇五年
『老子』蜂屋邦夫訳注、岩波文庫、二〇〇八年
福永光司『老子』朝日新聞社、一九六八年
諸橋轍次『老子の講義』大修館書店、一九八九年
山田統『老子』角川新書、一九五七年

『真理のことば（ダンマパダ）』

——古典としての『法句経』

岡田真美子（真水）

岡田真美子（真水）（おかだまみこ・しんすい）
兵庫県立大学名誉教授。専門は仏教説話文学、環境宗教学。
著書『小さな小さな生きものがたり』（昭和堂）など。

「古典は、……いつもかわらず、岩の間からこんこんと湧き出る清水である。古典というものは、激しく、目立つものではなく、おだやかな、しみじみとしたものである。……「時」の試練と、歴史の批判に堪えてきたもののみのもつ安定と調和と、そしてつきることのない滋味がある」

池田亀鑑《いけだきかん》(一八九六〜一九五六)は、その著書『古典学入門』の冒頭で、古典についてこのように語っていました。このことばを聞いてインド学者のわたくしが真っ先に思い浮かべるのが、一連のパーリ語の経典です。なかでも『真理のことば』は様々な人生の知恵をわたくしたちに与え続けてくれる本です。

1　パーリ語のお経『真理のことば』

『法句経《ほっくきょう》』の名で知られる『真理のことば(ダンマパダ)』は、お釈迦《しゃか》様、すなわち釈迦族の聖人、ゴータマ・ブッダの教えを集めたお経です。インドには梵語《ぼんご》と呼ばれるサンスクリット語という雅語《がご》がありますが、それと並んで多くの仏教経典が、パーリ語と呼ばれる言葉で残されています。キリスト教世界のラテン語のように、南アジアの仏教徒の間では、パーリ語が共通の聖典語となっています。

ブッダが実際に用いていたことばは、梵語でもパーリ語でもありませんでした。ブッダの死後、弟子たちの記憶に残っていた教え、教団の決まり、教えの研究がまとめられ、それらはのちにパーリ語やサンスクリット語に訳されて整えられ、さらに中国語やチベット語に訳されました。ブッダの教えを記したもののまとまりを「経蔵《きょうぞう》」、教団の決まりや戒めのまとまりを「律蔵《りつぞう》」、経の注釈や研究書を「論蔵《ろんぞう》」といい、この三つを合わせたものが「三蔵《さんぞう》」です。また、三蔵に通じた僧侶を「三蔵法師」と呼んで貴びました。ですから、三蔵法師は、『西遊記』に出て来る玄奘《げんじょう》三蔵だけでなく他にも何人もいるのです。日本人も一人だけ、霊《りょう》仙《せん》三蔵という人がいます。霊仙は、最澄や空海と同じときに遣唐船にのり、中国で三蔵法師となり、その国に骨を埋《うず》めました。

ここで取り上げる『真理のことば（ダンマパダ）』は深い人間観察に基づいて生きる指針を与えてくれる覚者《かくしゃ》の知恵を、格調高く簡潔な詩の形で表現したものです。パーリ語「ダンマ」はサンスクリット語では「ダルマ」といい、この発音に漢字を当てた訳（音写語と言います）が「達磨《だるま》」です。意味は「教え」「法」「真理」などで、漢訳では「法」とされています。後半の「パダ」は「ことば」「語句」という意味です。ダンマパダは法の句ということで、これに「経」の字を足して法句経となります。お経の名前の意味が分かったところで、これ以後この文ではダンマパダと呼ぶことにしましょう。

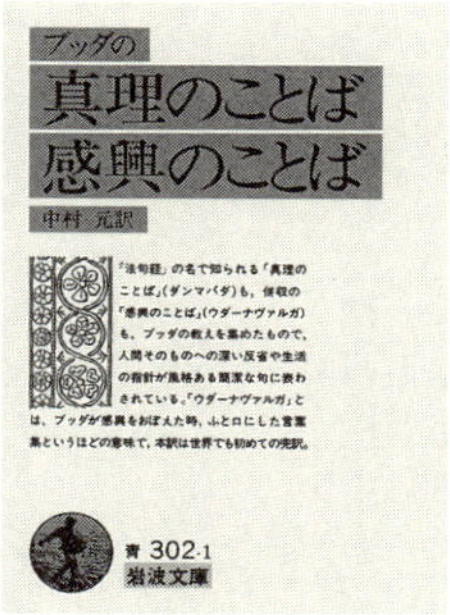

『ブッダの真理のことば・感興のことば』中村元訳，岩波文庫

ダンマパダができあがったのがいつなのか、これを知ることは容易ではありません。経典には、本書中の『古事記』のように何年に成立した、という情報がどこにも記されていないからです。しかし、最古の一経ではないにしろ、もっとも古く成立した経典グループの中のひとつであることは間違いありません。『法句経』として漢訳された経緯も少し複雑ですが、ともかく西暦三世紀に、インド人維祇難《いぎなん》らに

よって訳されたとされています。

2　ダンマパダというお経

ダンマパダは四百二十三の詩からなっています。これらの詩は、「心」「悪」「自己」「楽しみ」「怒り」などのテーマによって二十六の章に分けられています。少し中身を見てみましょう。

例えば、第五章「愚かな人」の冒頭の詩はこうです。

「眠れない人には夜は長く、疲れた人には一里の道は遠い。正しい真理を知らない愚かな者どもには、生死の道のりは長い」(ダンマパダ六十)

次の第六章に、対極の「賢い人」が記されています。

「真理を喜ぶ人は、心きよらかに澄んで、安らかに臥《ふ》す。聖者の説きたまうた真理を、賢者はつねに楽しむ」(ダンマパダ七十九)

「水道をつくる人は水をみちびき、矢をつくる人は矢を矯《た》め、大工は木材を矯め、賢者は自己をととのえる」(同八十)

自己を整えるとはどういうことでしょうか? 別の「心」という章に、そのヒントとなるようなことばがあります。

「心は、動揺し、ざわめき、護り難く、制し難い。英知ある人はこれを直《なお》くする。——弓師が矢の弦を直くするように」(ダンマパダ三十三)

「心は捉え難く、軽々《かろがろ》とざわめき、欲するがままにおもむく。その心をおさめることは善いことである。心をおさめたならば、安楽をもたらす」(同三十五)

ダンマパダの注釈書『法句譬喩経《ほっくひゆきょう》』には、情欲が盛んで自らを制御することは難しいと考えた歳若い修行僧が、自らの男性のしるしを切り落とそうとしているのを見て、ブッダが「悟りは心を制することによって得られ、心こそ根源である」と語った、とあります(教学品第二)。

ですから、ダンマパダでは、自らの、定まりのない心を安んじることこそが、賢者の努めるべき行いであると説かれるのです。

一方、この努めを怠ることが、ダンマパダのいう「汚《けが》れ」をもたらします。

「聡明な人は順次に少しずつ、一刹那《せつな》ごとに、おのが汚れを除くべし、――鍛冶工が銀の汚れを除くように」(ダンマパダ二百三十九)

「読誦《どくじゅ》しなければ聖典が汚れ、修理しなければ家屋《いえ》が汚れ、身なりを怠るならば容色が汚れ、なおざりになるならば、つとめ慎しむ人が汚れる」(同二百四十一)

ダンマパダのなかには、このように分かりやすい例とともに人生の指針となるようなことばが記されます。何度読んでも、その度に、何か教えられます。しかし、お経というと、日本では、意味が分からない難しい漢字の連なった文章として、一般の人にはなじみが薄いようです。また、逆に、意味がはっきり分かると、お経のありがたみがない、という人もいます。

先にあげたダンマパダの和訳は、偉大なインド学者、中村元《はじめ》先生（一九一二〜一九九九）の手によるものです。先生は翻訳が分かりやすすぎると批判されたことがあるそうです（!?）。

中村先生は、このダンマパダの他にも、『ブッダのことば』（スッタニパータ）、『ブッダ最後の旅』（大パリニッバーナ経）、『神々との対話　サンユッタ・ニカーヤⅠ』、『悪魔との対話　サンユッタ・ニカーヤⅡ』、『仏弟子の告白』（テーラガーター）、『尼僧の告白』（テーリーガーター）など、ブッダとその弟子たちの教えを伝えるパーリ語のお経を、次々に読みやすい現代語訳にして岩波文庫に入れられました。今、このように平易でありながら気高い現代語訳によって、古《いにしえ》の異国で編まれた経典を読むことができるのは、なんと仕合《しあわ》せなことであるかと感じます。

仏典のうち『ブッダのことば』は、最も古い層を残していると言われています。特に「ひとり犀《さい》の角のように進め」と説く、「犀角経《さいかくきょう》」と呼ばれる部分は、ドイツのフリードリヒ・ニーチェ（一八四四〜一九〇〇）に深い感銘を与えました。

『ブッダ最後の旅』は、八十歳を迎え、体調を崩したブッダがふるさとを目指して続けた旅とその終焉《しゅうえん》を描いたもので、娑羅双樹《さらそうじゅ》のエピソードや、仏塔の起こりなどがドラマチックに描かれています。ある病院長さんが、「岩波文庫で、お釈迦様についてのすばらしい小説を読みました」とおっしゃるので、よく聞いてみたらこのお経のことだったということがありました。「小説ではなくて、れっきとした仏典、お経なんですよ」というと大層驚かれました。

これらのパーリ語経典の現代語訳はいずれも勝《すぐ》れているのですが、ここで特にダンマパダを取り上げてご紹介するのは、この古い経典の中の一句が、今日の日本にとって極めて重要な意味をもつものだからです。次にそのことをお話ししましょう。

3　生きている古典

Na《ナ》 hi《ヒ》 verena《ヴェーレーナ》 verāni《ヴェーラーニ》 sammantīdha《サンマンティーダ》 kudācanaṃ《クダーチャナム》
Averena《アヴェーレーナ》 ca《チャ》 sammanti《サンマンティ》 esa《エーサ》 dhammo《ダンモー》 sanantano《サナンタノー》

ダンマパダの第五詩です。パーリ語を声を出して読んでみてください。リズミカルですね。暗記がしやすいように調子が整えられているからです。

実はこの一句によって、わたくしたち日本人は大きな恩恵を受けたことがあるのです。それは一九五一年九月六日、第二次世界大戦の戦後処理が話し合われたサンフランシスコ対日講和会議での出来事でした。

分割統治など、日本に対して厳しい制裁を科そうと集まった人々を前に、セイロン(現スリランカ)代表のジュニウス・リチャード・ジャヤワルデネ蔵相(一九〇六〜一九九六。後に大統領)が演壇に立った時、意外なことに彼は、このダンマパダの詩を引用して、日本に自由を与え、賠償放棄することを宣言したのです。

我々の日本との永年に亘《わた》るかかわり合いの故であり、又アジア諸国民が日本に対して持っていた高い尊敬の故であり、日本がアジア諸国民の中でただ一人強く自由であった時、我々は日本を保護者として又友人として仰いでいた時に、日本に対して抱いていた高い尊敬の為でもあります。

……空襲による損害……大軍の駐屯による損害、……ゴムの枯渇的樹液採取によって生じた損害は、(日本に対し)損害賠償を要求する資格を我国に与えるものであります。しかし我国はそうしようとは思いません。何故《なぜ》なら我々は大師(釈尊)のこの言葉を信じているからです。すなわち——

「実にこの世においては、怨《うら》みに報いるに怨みを以てしたならば、ついに怨みの息《や》むことがない。怨みをすててこそ息む。これは永遠の真理である」

このジャヤワルデネ代表の言葉は人々の胸を打ち、我が国に対して厳しい措置を科すつもりであった各国代表の心を動かしました。ひいてはそのことが戦後日本の早期の立ち直りを可能にし、我が国の国際舞台への復帰を促すことになったのでした(スリランカ大使館HP他)。

南方仏教の国々では、ダンマパダのようなお経がお守りの呪文のように愛されて誦《じゅ》されています。そのことばは、人々の血肉となり、その心の中に、行いの基準となるものを形成して来たようです。古い経典は、このようにして今もなお生き続け、力をもっていることをわたくしたちは知っておくべきです。

4　楽しく生きるということ

先ほど、怨みについての真理を紹介しました。そのすぐ前にはこんな詩があります。

「『かれは、われを罵《ののし》った。かれは、われを害した。かれは、われにうち勝った。かれは、われから強奪した。』という思いをいだく人には、怨みはついに息《や》むことがない」(ダンマパダ三)

逆にこのように考えないならば、怨みは息むと第四番目の詩は述べます。また、怨みがないと楽しく生きることができると詩《うた》っているところもあります。

「怨みをいだいている人々のあいだにあって怨むこと無く、われらは大いに楽しく生きよう。怨みをもっている人々のあいだにあって怨むこと無く、われらは暮していこう」(ダンマパダ百九十七)

ここで言われる「楽しい」の原語はsukha《スッカ》といい、「安楽」とも訳されることばです。心が安らかで楽しい、スカッとした状態です。先に述べた仏弟子や尼僧のことばを読んでいると、出家して、ああ、スッカだ！と独白している人たちが多いのです。とらわれを捨て、心身が軽々となった様子が窺《うかが》えます。わたくしは、このような生き方をひそかに「ブッダ・マジック」と呼んでいます。

ブッダの難問の片付け方には、ある特徴があります。例えば、怒りにたいしても、物惜しみに関しても、嘘つきに関しても、ブッダはそれをやっつけるのではなく、怨みを終息させるときと同じようなやり方で打ち勝とうと呼びかけています。

「怒らないことによって怒りにうち勝て。善いことによって悪いことにうち勝て。わかち合うことによって物惜しみにうち勝て。真実によって虚言の人にうち勝て」(ダンマパダ二百二十三)

これができればスッカが得られるというわけですね。

5 古典を生きる

このようなブッダ・マジックに憧れるだけでなく、実際にそのように生きることを、セイロン代表だったジャヤワルデネ氏は実践して見せてくれました。彼はのちに首相と大統領をつとめ、死を迎えたときには、自分の眼の片方はスリランカの人に、もう片方の眼は日本人に贈るようにと遺言していました。実際に片方の眼の角膜が日本にもたらされ、関東地方に住む女性に移植されて、彼女の眼は光りを取り戻しました。

これは、ダンマパダとは別の種類の経典、ジャータカという前世物語集にある「シヴィ王物語」を実践した例と言えます。ジャータカの一般的な形式にのっとり、この説話も、(1)現世物語、(2)前世物語、(3)結びの三つの部分から構成されています。

(1)ファーストシーンでは修行僧たちが集まって、大変な布施《ふせ》をして飽くことのない王様の噂をしている。そこへゴータマ・ブッダがやって来て何を話しているかと問う。話を聞いた彼は、それは今に始まったことではない。大変な布施をして飽くことのない人は昔もいたのですよ、と前世の話を物語り始める。

(2)昔、シヴィ国のアリッタプラの都のシヴィ王は沢山の財物を布施したが満足せず、自分の身を布施することを望んでいた。それを知った帝釈天《たいしゃくてん》がバラモンに変装して、両眼を乞うた。王は医師に命じて劇薬を用いて眼を取り出して与えた。見事な布施に感じ入った帝釈は、王の言葉の真実にかけて再び眼を生じさせた。王は善行をさらに積んだあと、死んで天上界に赴いた。

(3)前世の物語を終えて、ゴータマ・ブッダは、当時の医師は今の従者アーナンダであり、帝釈は弟子のアヌルッダ(天眼通《てんげんつう》の持主)であり、シヴィ王は私ゴータマその人だった、と明かす。

と、これがシヴィ・ジャータカというものです。スリランカの人口は日本の六分の一ほどですが、これまでに日本はこの国から三千以上もの角膜を贈られています。ジャヤワルデネ氏もそうであったように、このシヴィ王の菩薩行《ぼさつぎょう》の教えが今も生きていて、角膜提供をする人の数が日本よりずっと多いというわけです。

冒頭に紹介した池田亀鑑は、「古いということは、そのこと自体としては価値のないことである」と言っています。古典というものは、彼のことばを借りれば「かなりの年月をへても、なおかつその価値のかわらぬもの」であり、それが「古くして生命を喪《うしな》わぬということは、新しいということであり、そこに価値がある」といえるのです。

ダンマパダ、ジャータカなどの経典は、いまも人々の心を動かし、行動することを励まし続けています。そこに記された教えが、絶えずそのように新しく生きられているわけです。ですから、これらの経典は、生きた文章であるという意味で、真の古典と呼んでいいのではないかとわたくしは考えてきました。みなさんも、この「こんこんと湧き出る清水」のようなダンマパダの文章から、滋味豊かな知恵を受け取ってくだされば幸いです。

参考文献

池田亀鑑『古典学入門』岩波文庫、一九九一年。原題『古典の読み方』至文堂、一九五二年
『ブッダの真理のことば・感興のことば』中村元訳、岩波文庫、一九七八年
上村勝彦『真理の言葉　法句経　(仏教を生きる)』中央公論新社、二〇〇〇年
『真理の偈《うた》と物語(上下)──『法句譬喩経』現代語訳』末木文美士、菅野博史他訳、大蔵出版、二〇〇一年
下田正弘『パリニッバーナ──終わりからの始まり　(シリーズ仏典のエッセンス)』NHK出版、二〇〇七年
佐々木閑『NHK「100分de名著」ブックス　ブッダ　真理のことば』NHK出版、二〇一二年
中村元『原始仏典を読む』岩波現代文庫、二〇一四年

処世《しょせい》の教えを読む

――『ヒトーパデーシャ』

吉水千鶴子

吉水千鶴子（よしみずちづこ）
筑波大学大学院人文社会系教授。専門はインド哲学、仏教学。
訳書『ヴァーグナーとインドの精神世界』（法政大学出版局）など。

1 インド人の知恵

インドを旅するとき、だまされやしないかと心配になります。「友だちプライス」と言いながら法外な値段でおみやげを売りつける人、ぼったくりタクシーなど、隙《すき》あらばだまそうとする輩《やから》がいるからで、だます人、だまされる人、どちらが悪いかと言えば、だます方に決まっていますが、愚かなゆえにだまされることもあります。だまそうとする人が世に尽きることがない以上、だまされないようにする知恵も必要です。

今の日本でも振り込め詐欺《さぎ》に引っかからない知恵が必要でしょう。まして政治や外交の場面では、さまざまな駆け引きが行われます。国のリーダーとなる者は外交交渉をする知恵を身につけていなくてはなりません。庶民は賢く、自分の命や家族、財産を守らなくてはなりません。

インドでは古代から「処世の教え」が伝えられてきました。それは国を治める術《すべ》であり、世を渡る術であり、幸せに暮らすための知恵です。ここに紹介する『ヒトーパデーシャ』とは、「役立つ」(ヒタ)「教え」(ウパデーシャ)を意味し、動物を主人公にした寓話《ぐうわ》でわかりやすく「処世の教え」を説く作品です。

そこには動物たちをとおして人間社会の愚かさ、滑稽《こっけい》さが描かれています。「婆羅門《ばらもん》(ヒンドゥー教の僧侶)と三人の悪者の話」(第四話「講和」、挿話《そうわ》五)は、儀式と食用のためヤギを飼って肩に担いだ婆羅門が、三人の悪者に次々と呼び止められ、「あなたはなぜ犬を担いでいるのですか?」と言われたため、だんだんと不安になり、ついにはヤギを犬だと信じて捨ててしまうお話です。犬は食用になりませんし、儀式にも使えないからです。

そんな馬鹿げたことはありえない、と思うかもしれませんが、自分の息子の声がわからず、息子でない人を息子だと信じてしまう振り込め詐欺も、だんだんと相手の言っていることを信じてしまうところはこの物語と同じではありませんか。

この物語には、「吾《われ》と同じく悪人も人を欺《あざむ》くことあらじ、かく考うる人は皆、その悪人に謀《はか》られん」、すなわち「自分が人を欺かないように、他人も自分を欺かないだろう、と思っている人は、悪いやつにだまされる」という教訓がつけられています。また、高貴な人ほどだまされる、とも教えます。自分がいくら善良でもすべての人がそうではないのが世の中なのです。

第二話「仲違《なかたが》い」では、森の王である獅子《しし》(ライオン)と牡牛《おうし》の友情を、悪い二匹の山犬の大臣がこわして、獅子に牡牛を殺させてしまいます。そのときに「牡牛に謀反《むほん》の心あり」と獅子に嘘《うそ》の告げ口をします。自分の地位を脅《おびや》かすものは、たとえ友人であっても権力者は許さないものです。歴史の中ではよく起こることです。殺さなくとも排除《はいじょ》することは政治の世界でもあることですね。

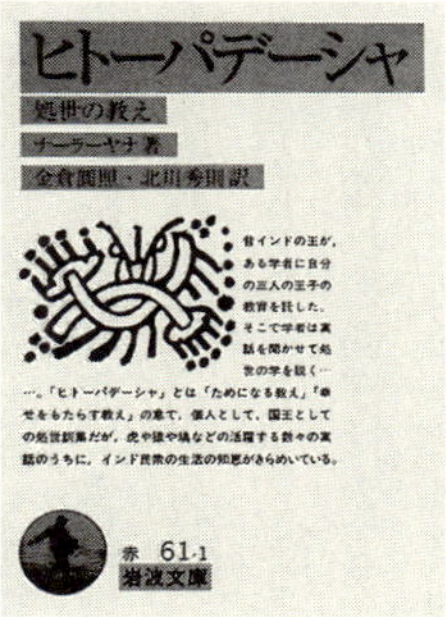

ナーラーヤナ『ヒトーパデーシャ』金倉円照・北川秀則訳，岩波文庫

『ヒトーパデーシャ』ではさまざまな動物たちが活躍しますが、それはインドの森に住む動物たちです。今ではライオンは五百頭余りと少なくなってしまいましたが、虎、象、猿、鹿、山犬はインドの森の主役たちです。

第三話「戦争」と第四話「講和」では、水鳥軍と陸鳥軍が戦います。これらの動物たちは、物語の中でさまざまな教訓を語ります。それは人間世界の教訓なので、ときには処世訓を越え、人生の深い意味について教えてくれるものもあります。詩の形で語られるので、日本語訳も難しい文体になっていますが、たとえば、

「河の流れの過ぎ行きて、戻らざるごと、日と夜とは、人のいのちを奪いつつ、休むことなく逝《ゆ》くものぞ」(第四話「講和」、詩番号七十九)

は、日本の文学作品『方丈記』(鴨長明作)の冒頭「ゆく河の流れは絶えずして、しかも、もとの水にあらず。よどみに浮ぶうたかたは、かつ消え、かつ結びて、久しくとどまりたる例《ためし》なし。世の中にある、人と栖《すみか》と、またかくのごとし」と意味はそっくりです。人の命ははかないもので、日々が流れてもとに戻らないことは河の流れのようだ、と言っているのです。

でも面白いのは、この人間さまの人生観を長々と引用してでっち上げの不幸な身の上話を語る蛇は、蛙《かわず》(かえると同じ)たちをだまして食べてしまいます(第四話「講和」、挿話六)。また、

「あらゆる殺生《せっしょう》行わず、あらゆることを耐え忍び、生きとし生けるもの皆に保護を与うる人こそは、天の世界に生まれなん」(第一話「友を得る道」、挿話二の中の挿話)

という教えを説く猫は、この教訓のとおり、自分は不殺生という美徳を実行しているのだ、と嘘をつき、盲目の禿鷹《はげたか》をだまして安心させ、まわりの鳥たちのヒナを食べ、しかもその罪を禿鷹に負わせます。気高い教えを説くものが善人とは限らないのが『ヒトーパデーシャ』の世界です。教訓はときにはだましの手段なのです。

『ヒトーパデーシャ』は、第一話「友を得る道」、第二話「仲違い」、第三話「戦争」、第四話「講和」の四つの部分からなり、昔インドの王が三人の息子の教育のために、学者に語らせた物語と言われています。王子たちが将来国を治める王の地位につくための帝王学であり、世の中を知り、国を守るための教訓です。

物語の中に教訓が詩で語られ、途中途中に挿話が入ります。挿話の中にまた挿話が入り、複雑な構成になっていますが、これは普段のインド人のおしゃべりとそっくりです。よく話がそれるのです。哲学的、宗教的な深い人生観、生きるためのずる賢いとも言える知恵、森の動物たちの生き生きした描写、豊かな話術など、インドの文化の精髄《せいずい》がすべて楽しめる物語、それが『ヒトーパデーシャ』です。

2　『ヒトーパデーシャ』とインドの古典文学

『ヒトーパデーシャ』の作者はナーラーヤナという九世紀頃のインド人です。インドの東北、今のベンガル地方に住んでその地方の王に仕《つか》えていたらしいのですが、詳しいことはわかっていません。

『ヒトーパデーシャ』の物語は彼が一人で書いたというよりも、それより昔から伝えられた説話を集めたものだと考えられています。とくに『パンチャタントラ』(五巻からなる教え)という五世紀頃に作られた説話集をお手本にしており、多くの物語や教訓がとても古くからインドで伝えられてきたものだということがわかります。また『パンチャタントラ』のなかのいくつもの挿話が、古くから世界各地に伝わっています。

こうした教訓の書は、インドではニーティと呼ばれ、インド古典文学のひとつのジャンルを形成するほどたくさんの作品があります。『ヒトーパデーシャ』はその中でももっともよく知られた作品で、世界各国の言語に翻訳されています。

さらにこれらの作品の源流をたどると、『実利論《じつりろん》』(アルタ・シャーストラ)という書物に行き当たります。紀元後四世紀には成立していたと言われているこの書は、カウティリヤという宰相《さいしょう》が書いたとされ、インドの帝王学、国家論の基礎となりました。しかし、そこに描かれるのは単なる理想の君主像ではなく、現実的な地位の獲得と保身の術でした。確かに王たるもの、自分の息子や大臣からすら命を狙《ねら》われることもあります。他国に対してはなお一層の警戒を怠ってはなりません。諜報機関《ちょうほうきかん》を使って権謀術策《けんぼうじゅっさく》の限りを尽くし、領土の安全を確保します。そうしてこそ初めて人民を守ることができるという理屈《りくつ》で、まさに「実利」を教えるものです。

『ヒトーパデーシャ』では、水鳥軍と陸鳥軍の戦いが描かれますが、水鳥の王ハンサ鳥(翻訳では「白鳥」と訳されていますが、ハンサ鳥は正しくはインドガンという雁《がん》の一種です）を陸鳥がバカにして、水鳥の鷺《さぎ》に次のように言います。

「お前の王のハンサ鳥はいつも優《やさ》しいそうだが、そんな奴《やつ》には国を治める資格はない。無《む》闇《やみ》に優しい奴は、手の中にある財すら守ることができないからだ」（第三話「戦争」）

ここには『実利論』以来の王の資質についての考えが述べられています。優しいだけでは王は務まらないよ、という考えです。両軍にはそれぞれ紅鸛鳥《べにがちょう》と禿鷹の総理大臣がおり、策《さく》謀《ぼう》をめぐらせます。戦争の最後は、鴉《からす》が水鳥軍の城に火を放ち、水鳥のインド鶴将軍が勇猛なる戦死をとげ、陸鳥たちの勝利で終わります。

第四話「講和」で、両軍の王は和解しますが、そのとき講和のやり方には十六種類あることが言われます。「対等の講和」「贈り物による講和」「婚姻《こんいん》による講和」「降伏による講和」「領土を献上しての講和」などです。

この物語では、「友情による同盟」という平等にしてもっとも尊い講和を結びます。それは紅鷺鳥と禿鷹両大臣の優れた交渉によるものなのです。ここでは、王の資質ばかりではなく、臣下の資質も描かれています。よき臣下なくして国は守れず、ですね。

さて、インドの古典文学のほとんどは、サンスクリット語という言語で書かれています。今日ではインドでも使える人はまれですが、昔のインドでは学問をしたければサンスクリット語を勉強する必要がありました。文学のみならず、哲学、宗教、医学、天文学、芸術などすべてのジャンルでサンスクリット語が使われていたからです。

サンスクリット語で書かれたもっとも古い文学作品といえば、『マハーバーラタ』をあげることができます。「マハーバーラタ」とは「偉大なるバーラタ族」すなわちインド人のことです。

紀元前の遠い昔、インド人の先祖はインダス川とガンジス川の流域に住んでいました。彼らの中でも力を持ったクル一族は、王位の後継者争いでふたつに分裂し、大戦争を起こしたと言われています。ほんとうに戦争があったかどうかは不明ですが、『マハーバーラタ』はその物語を描いた叙事詩《じょじし》で、世界最大の長さがあります。二行で一つと数える詩節の数で七万五千詩節もあるのです。詩人たちによって暗唱され、伝えられてきました。日本の『平家物語』のようですね。『ヒトーパデーシャ』にも、ときどき『マハーバーラタ』の登場人物やその詩節が引かれていることがあります。

その中でも有名なのが『バガヴァッド・ギーター』(神の歌)と言われる部分で、『マハーバーラタ』第六巻に挿入されています。

いよいよ戦争開始の場面で両軍がにらみあう中、同族同士が殺しあう戦争に疑問をいだく主人公の悩みと、ヒンドゥー教の神との対話が描かれます。ここで説かれるのが、「実利」(アルタ)に対しての「義務」(ダルマ)です。自分の利益を求めることなく、結果を期待せず、なすべきことをなせ、という教えです。この『バガヴァッド・ギーター』は、インド独立の父マハトマ・ガンジー(一八六九~一九四八)の座右《ざゆう》の書としても知られ、インドのみならず世界中で多くの人々に読まれています。インド文学を代表する作品と言ってよいでしょう。

もうひとつの有名な叙事詩に『ラーマーヤナ』(ラーマ王子の物語)があります。これはラーマ王子が、ハヌマーンという猿の家来を連れて、妻のシーターをさらったラーヴァナという鬼を退治にランカー島へ出かけるお話で、まるで日本の桃太郎のような筋書きです。この物語は東南アジアではとても人気があります。

こうした叙事詩のほかにも、インドでは宮廷で演じるための戯曲《ぎきょく》などがたくさん作られました。恋愛劇もたくさんあります。ほとんどハッピーエンドなところは、現代インドの恋愛映画にも似ています。

インドの古典文学作品では、この世での「実利」、すなわち富や名声であったり、王位であったり、さらには恋愛であったり、そうしたものを求めることが肯定され、どのようにしたら得ることができるか、という教えが処世訓として語られる場合が多いのですが、『バガヴァッド・ギーター』のように自分の利益を捨てた道徳的、宗教的とも言える義務が示されることもあります。

次にインドの宗教について触れてみましょう。

3 『ヒトーパデーシャ』とインドの宗教

『ヒトーパデーシャ』を読んでいると、多くの神様の名前に出会います。シヴァ神、ヴィシュヌ神はヒンドゥー教の代表的な神様です。また、登場人物(動物)もしばしば宗教的な行いをしています。「虎と旅人の話」(第一話「友を得る道」、挿話二)では、虎は沐浴《もくよく》をし、クシャ草を持って旅人に話しかけます。沐浴は川で身を清めることで、クシャ草というのは神聖なる草だと言われています。

さらに布施《ふせ》という宗教的行為をしようとして、旅人に金の腕輪を上げようとするのです。「布施こそ道と思念しつつ、返報《へんぽう》願う心なく、正しき時と処《ところ》にて、妥当《だとう》の人に施《ほどこ》すを真実の布施と人は知る」。つまりお返しを期待せず、ふさわしい人(困っている人)にこそ施しをするのが正しい布施だ、と虎は言います。この言葉に安心した旅人は、金の腕輪欲しさに虎にだまされ、食べられてしまいます。

ここでは沐浴や布施という宗教的行為は相手を安心させるための見せかけなのですが、

「布施」はインドでは徳の高い行為と考えられています。現代の日本では、お葬式などでお経をあげてもらった仏教の僧侶に払うお礼のお金のことを「布施」と呼んでいますが、本来は何であれ、困っている人を助けることです。

しばしば登場する人間に「婆羅門《ばらもん》」がいます。これはヒンドゥー教の僧侶の名称です。また、「雲水《うんすい》」「雲水僧」と翻訳されている人間も登場します。日本では「雲水」というのは、主に仏教の禅宗の修行僧を指しますが、インドでは仏教に限らず、家を離れて森などで修行する人を指します。婆羅門も雲水も宗教者なのですが、物語の中ではそれほど人徳が高いようには描かれていません。

それは実際のインド社会の現実でもあり、また、『ヒトーパデーシャ』の主題が王のための処世術であるため、宗教者の徳を取り上げるものではなかったためかもしれません。

ただ、宗教的教えは、だましに使われることもありますが、ところどころにちりばめられています。

最初に引いたように、この世の無常を歌う詩節もあります。また、「家の誉《ほま》れを高めてぞ、人と生まれし甲斐《かい》もあり。転生輪廻《りんね》、誰かまた、死して再び生まれざる」(プロローグ、詩番号十三)という教えもあります。「人はすべて輪廻し、死んでも再び生まれ変わらない者はない。人と生まれるなら、家の名誉を高めてこそ、人と生まれた価値があるものだ」という意味です。

このように古代のインド人は輪廻を信じていました。この世ははかないものだ、人は死んではまた生まれ変わるのだ、という考えを、私たちは仏教をとおして知っていますが、これはヒンドゥー教にも共通するインド人の死生観なのです。

インドにお釈迦《しゃか》様が生まれて、仏教を説いたのが紀元前五世紀くらいです。インドではそれ以前に『ヴェーダ』という聖典があり、多数の神々を信じる宗教がありました。ヒンドゥー教の前身にあたります。その頃に輪廻の考え方が生まれたと言われています。

人はいつも人に生まれ変われるわけではありません。ときには地獄に生まれ、ときには動物に生まれます。それは生きているときの行為によって決まります。今そこにいる犬が、実はあなたの死んだお父さんの生まれ変わりだ、という考えも成り立つのです。

こうした生まれ変わりの考え方は、動物という存在をより身近なものにしてくれます。人間と動物の間に上下関係はなく、同じように生まれ変わり、ときには食べるものと食べられるものの関係になります。虎に食べられた旅人のように。それが『ヒトーパデーシャ』の世界でもあります。

4 『ヒトーパデーシャ』とインドの社会

『ヒトーパデーシャ』の中では、人間どうしはだましあい、浮気を隠し、滑稽《こっけい》な存在として描かれています。教養があるはずの婆羅門《ばらもん》とて愚かなことに変わりありません。動物たちの世界でも、ほんとうは強い獅子、象なども小さな動物にしてやられる話がたくさんあります。

こうした権力者や強者をからかい、皮肉ったところに、インド人の読者は胸がすっとしたのかもしれません。だって、現実のインド社会はとても厳しい身分制度に縛《しば》られた社会だったからです。

お釈迦様が生まれる以前、『ヴェーダ』の宗教の時代からインドには四つの身分が定められていました。「婆羅門」という僧侶の階級、「王族」という武士階級、「商人・農民」の階級、そして「下僕《げぼく》」です。この中では「婆羅門」がもっとも上の階級でした。この身分差別を作り出したのは、西アジアから移動してきてインド北部に定住したアーリヤ人が、それ以前からインドに住んでいた先住民を征服し、支配するためであったと考えられています。征服された先住民の人々は征服民に仕《つか》える「下僕」となったのです。

現在のインド人は長い年月をかけて暑い土地柄にあった浅黒い肌の色の人が多くなっていますが、もともと先住の人々は肌の色が黒く、西からやってきたアーリヤ人は色の白い人々でした。ですから古代インドでは「色」は階級をあらわす言葉でもありました。それから時がたつにつれ、この階級はさらに細分化されていき、「生まれ」によって職業が決まる社会へとなっていきます。これを西洋の人たちは「カースト制度」と名付けました。「下僕」よりも下の「不可触民《ふかしょくみん》」が作られ、差別の対象となりました。今のように自由に職業が選べる社会ではなかったのです。

もしあなたが男の子で、あなたのお父さんが洗濯屋《せんたくや》さんだったら、あなたは洗濯屋さんになるしか選択肢《せんたくし》がない、ということになります。結婚する相手も身分の違う相手を選ぶことができません。あなたが女の子ならば、親の決めた同じ身分の相手に嫁《とつ》ぐことになります。

インドの人たちは長い間この不自由な社会に苦しんできました。現在法律で差別は禁じられていますが、インド社会にこのなごりは残っています。インドではいまだにお見合い結婚のほうが多いのです。

『ヒトーパデーシャ』を読んでみると、動物たちは自由に、知恵をしぼって自分の力で生きています。ここにインドの人たちの願い——自分の知恵と力で自由に生きたい——という気持ちを読み取ることもできるかもしれません。

ただ、現実は物語のように痛快《つうかい》にはいかなかったでしょう。『ヒトーパデーシャ』の中にも、「生まれ」は変えられない、というインド人の強い意識が現れている話があります。「藍《あい》に染まった山犬の話」(第三話「戦争」、挿話七)です。

衣類を染める染料の藍の桶《おけ》にあやまって落ちてしまった山犬が、藍色に染まった自分の姿を見て、自分の地位を高めようと考えます。特別な色をもつ、というのはインドでは特別な階級を意味します。森の獣たちはこの山犬の特別な色を見て、山犬だとは気づかず、従うようになります。獅子や虎までも家来になりました。すると山犬の王は自分の仲間であるほかの山犬を軽蔑するようになりました。そこで年を取った山犬が知恵を出します。

「もって生まれし本性は、たやすく変え得るものならず。王となりても犬は犬、靴《くつ》かむことをやめざらん」

なんとかそれが山犬であることを暴《あば》こう、と年取った山犬の指示で、ほかの山犬たちはいっせいに吠《ほ》えました。するとそれにつられて、王の山犬も吠えてしまい、山犬であることがばれて虎に殺されてしまいます。実際、犬はほかの犬の鳴き声につられて吠えますね。靴をかむのも好きでしょうか。

このお話には、「色」(階級)を偽ったものの末路《まつろ》、生まれもった性質は変えられないこと、そして同じ生まれの仲間を大切にしなくてはいけない、という教訓が含まれています。

『ヒトーパデーシャ』は、インドの社会をうつしています。王のための処世の教えですが、動物の姿を借りてインドの人々の姿をいきいきと描いています。そして友情、争い、仲直り、詐欺、だましあい、知恵比べ、これらは人間の社会ではいつでもどこでも起こることではありません か。千年以上も前に作られた古典ですが、現代の社会をうつしているといってもおかしくない作品だと思います。私たちも『ヒトーパデーシャ』を読んで、私たちの身近なできごとや身近な人をきっと思い出すことでしょう。

参考文献

ナーラーヤナ『ヒトーパデーシャ　処世の教え』金倉円照・北川秀則訳、岩波文庫、一九六八年
『パンチャタントラ』田中於菟弥・上村勝彦訳、アジアの民話12、大日本絵画巧芸美術、一九八〇年
カウティリヤ『実利論　古代インドの帝王学』(上下) 上村勝彦訳、岩波文庫、一九八四年
『原典訳マハーバーラタ』1～8巻、上村勝彦訳、ちくま学芸文庫、二〇〇二～二〇〇五年
『バガヴァッド・ギーター』上村勝彦訳、岩波文庫、一九九二年
『新訳ラーマーヤナ』1～7巻、中村了昭訳、東洋文庫、二〇一二～二〇一三年
辻直四郎『サンスクリット文学史』岩波全書、一九七三年
田中於菟弥『インドの文学』世界の文学史9、明治書院、一九六七年

神は人を創造された日、神に似せて
これを造られ男と女に創造された
——『トーラー』

手島勲矢

手島勲矢（てしまいざや）
大阪大学ＣＯデザインセンター招へい教員（教授）。専門は思想史、ヘブライ語聖書および文献学。
著書『ユダヤの聖書解釈』（岩波書店）など。

1　書名は誰が決めるのか？

『トーラー』――そんな名前の書物について聞いたことがない。そういう人が圧倒的ではないでしょうか。しかし、旧約聖書についてはどうでしょう？　たぶん、一度は世界史の教科書で目にしたことがあるのではと思います。実は『トーラー』とは、「教え」「指示」を意味するヘブライ語で、旧約聖書の最初の五冊をひとまとめにした巻物を意味する名前なのです。

古来よりユダヤ人(ユダヤ教徒)は、安息日(金曜日の夕べから土曜日の夕べまで)になると、シナゴーグと呼ばれる彼らの会堂(集会所)に集まり、「セフェル・トーラー」と呼ばれる羊《よう》皮紙《ひし》の巻物を広げて、その文字をメロディーのような節をつけて朗誦《ろうしょう》してきました。イエス・キリストもユダヤ人であり、彼もトーラーを読み込んでいて、彼の思想の源泉でもありました。

ちなみに、二〇一三年、イタリアのボローニャ大学に所蔵されているトーラーの巻物を炭素鑑定した結果、十二世紀後半から十三世紀に造られた最古の完全版トーラーの巻物であることが判明しました。この巻物は縦六十四センチ、それを引き延ばすと、長さは三十六メートルにもなります。この長いトーラーの巻物は、その中で五つの部分に(部分と部分の間に四行分のスペースを設けて)分けられています。それで、しばしば、トーラーは「五部に分けられたもの」と呼ばれたりもします。

今では、その一つ一つに「Genesis=創世記」「Exodus=出《しゅつ》エジプト記」「Leviticus=レビ記」「Numbers=民数記《みんすうき》」「Deuteronomy=申命記《しんめいき》」という名前が付けられています。たぶん、これらの書名のほうが『トーラー』という元々の名よりも有名かもしれませんが、これらの名前はイエスもパウロも知らないと思われます。なぜなら、新約聖書の中では、「律法(ノモス)」という書き物として引用されることが主流で、創世記とか出エジプト記という書名で文章が引用されたことは一度もありません。もちろん、紀元一世紀のユダヤの歴史家ヨセフスも、『トーラー』は五部に分かれているという事実は述べても、それぞれの書名については語りません。だから、歴史的な本当の名前で呼ぶとするなら、このテキストは『トーラー』と呼ばれるべきであり、そしてユダヤ人は今でもそう呼んでいます。

ちなみに、私たちが慣れ親しんでいる旧約聖書の中の書名は、四世紀、ラテン語訳聖書「ウルガータ」を翻訳したヒエロニュムスの解説の中に確認することができます。彼は、ヘブライ語の書名と、ギリシア語の書名を並べて解説するので、四世紀にはユダヤ人も五つの部分のそれぞれをそれぞれの名前で呼ぶことができたと思われますが、それぞれのギリシア語の名前とヘブライ語の名前を比べてみると、明らかにお互いに共通の名はないのです。現在の日本語の聖書にある「創世記」「出エジプト記」などの名前はギリシア語の書名に由来していて、これらの名前は、それぞれ本の特徴的な内容を表現しています。

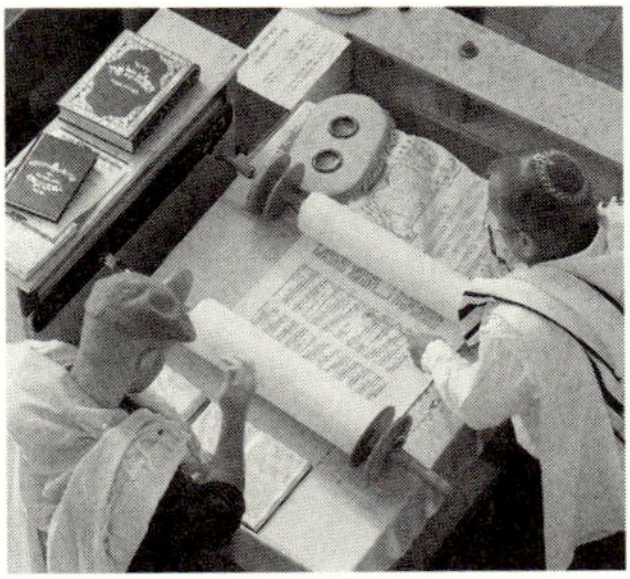
トーラーの巻物を読む ©Roy Lindman

例えば、創世記＝ゲネシス（誕生）は最初の天地創造のことを思わせるし、エクソドス(脱出)という名は、モーセに率いられたイスラエルの人々のエジプト脱出の出来事を暗示しています。それで出エジプト記となる。それに対して、ヘブライ語の書名は、それぞれの冒頭テキストの特徴的なフレーズや単語にすぎません。

例えば、創世記は「ベレシート」と呼ばれますが、これは冒頭の一句「はじめに神は天と地を創造された(＝ベレシート・バラー・エロヒム……)」からとられた名前で、その名前から内容を想像することはできません。また現在、出エジプト記はヘブライ語で「シェモット(名前)」と呼ばれていますが、これも出エジプト記の冒頭一句に出てくる「これらが名前である(＝ヴェ・エレ・シェモット……)」に由来しています。

紀元前三世紀のアレクサンドリアで『トーラー』がギリシア語に翻訳されます。注目すべき面白い事実は、その出来事を語る文書『アリステアスの手紙』でも、この翻訳の対象になる書物は一語で表現され、つまり「ノモス」の名前(「トーラー」のギリシア語訳)で言及されるだけです。そこに「ゲネシス」「エクソドス」など五部それぞれの後代の書名については影も形もありません。それぞれの五部の書名についての来歴はエウセビウスの『教会史』

の証言から二世紀ごろからと推測できますが、キリスト教以前のテキストの呼び名は、ヘブライ語で「トーラー」(またはギリシア語で「ノモス＝律法」)と呼ばれるのが慣例でした。こうして歴史的に実証的に考えていくと、旧約聖書の冒頭の五冊は、本来は、連続するテキストとして読まれてきた巻物であって、だから歴史的には、古代ユダヤ人の書物(ヨセフスやフィロンの著作)の中に創世記とか出エジプト記とかの書名が言及されていないのも合点がいきます。

私は、この個々の書名の必要性は、ヘブライ語からギリシア語に翻訳される過程で必要になったというよりは——もしそうならば七十人訳の事業を語る『アリステアスの手紙』の時点で、それぞれの書名が出てきてもよさそうですが出てきません——むしろトーラー・テキストの保存の仕方が巻物(Scroll)形式から冊子本(Codex)形式に移行していく中で高まってきたものではないかとにらんでいます。

実は、『アリステアスの手紙』でも、最初に完成したギリシア語訳は冊子本ではなくて、巻物(teûkhos)の形で民に示されたと記されています。ここから英語では『トーラー』をPentateuch(五部の巻物)とも呼ぶのですが、その巻物の翻訳テキストも、四世紀には、冊子本の形に移行したとみられます。なぜ形式が書名の誕生に関係すると考えられるのかといえば、巻物形式でテキストを読む場合は、最初から最後まで一通り五部の全部に目を通すしかありません。けれども、冊子本ならば、読みたい部またはページをすぐに開くことができることから、五つの部分に名前がついていることはとても便利だし、目録(目次)を先頭につけることは冊子本の慣わしとしても必要なことです。

その点で、キリスト教会が保存している最古のギリシア語大文字写本(四世紀ごろ)はすべて冊子本形式であることから、教会の聖書はユダヤの巻物形式から冊子本形式にいち早く移行していき、五部のそれぞれの書名も冊子本とともに教会の中に浸透していったと推測されるわけです(例えば、アウグスティヌス『神の国』(八・一一)は創世記という書名と最初の一句について言及しています)。

それに対して、ユダヤ教においては、現在でも先に述べたように古代の巻物形式を守っています。だから「トーラー」という古代からの呼び名が保持されていても驚くべきことではありません。

2 『トーラー』には何が書かれているのか？

キリスト教の旧約聖書として考えても、またユダヤ教の聖典として考えても、『トーラー』の宗教色はとても強いです。仏教や神道の立場からすると異質な宗教の教えであって、ここに万人が学ぶべき公平な真実の言葉があるのだろうか？　と思ってしまうでしょう。でも『アリステアスの手紙』を読むと、なぜギリシア人は紀元前三世紀のアレクサンドリアの王立図書館にユダヤ人の『トーラー』の巻物の翻訳を収めることが必要だと考えたのか、その理由が述べられていて興味深いです。提案者デメトリウスは王に対してこう述べています。

わたくしの専心究めましたところによれば、彼らに律法(注・ノモス／トーラー)を付与した神こそ、あなたさまの王国を正しい道に導くおかたでございます。というのは、王さま、彼らが礼拝しているのはすべてのものの支配者また創造者である神ですが、それを、ゼウスとかディスとか、ほかの名をつけてですが、世界中の人もそしてわれわれもやはり礼拝しているのでございます。古人が(この名で)、万物に生命を与え生成するおかたが万物を導き、支配するのであるということを言い表わしたのは、実に適切だったのでございます。

(『聖書外典偽典』三巻、教文館、三二頁参照)

東西の文化の融合がヘレニズム時代の特徴であるとされる理由の一つは、こういうデメトリウスのような異なる名前の背後に普遍性の統一を感じる意識のせいでもあるともいえます。ただし、では『トーラー』そのものの内容がギリシア哲学のような視点の言葉で書かれているのかというならば、これは、確かにある地方のある民族の歴史物語と宗教の戒律(または法)についての記録です。

それを最初から最後まで読み通すには、ある根気というか強い動機が必要なのは確かで、抜粋的には面白い話(例えば、天地創造や人間の創造、ノアの洪水の話、バベルの塔)や感動的なエピソード(アブラハムとイサクの犠牲の話)、また人類の共有されるべき至言(例えば、「あなたの隣人をあなたのように愛せ」レビ記一九:一八)や含蓄のあるセリフ(例えば、「まことに、あなたは、正しい者を悪い者と一緒に滅ぼされるのですか?」創世記一八:二三)

もあるので、すでに『トーラー』の言葉とは知らずに、聞き及んでいるものも少なくないのではないかと思います。

単純に、『トーラー』の言葉は、意識的であれ無意識にせよ、現在の多くの国々の価値観の根底を形成しているといって間違いありません。その大きな影響力の理由はユダヤ教そのものの影響力というよりも、ユダヤ教から派生したキリスト教またイスラム教の信者人口の大きさのゆえといえます。驚くかもしれませんが、イスラム教の聖典『コーラン』の内容は、少なくとも言及される人物や物語の知識において『トーラー』の伝統を下地にしています。

七十億を突破した世界人口の半分が少なくともキリスト教徒とイスラム教徒であり（ユダヤ教徒は世界人口に対して比率的には〇・二％ぐらい）、ある意味、彼らがアダム以来の同じ聖書の一神教の伝統に帰依しているというときに、彼らの精神的遺産の原型を知るということは、『トーラー』を理解することに尽きると言って過言ではないのです。

とはいえ、実際に手に取って翻訳で読んでみても、特定の古代人の系図の話また民族の歴史の語りがまじりあっていてチンプンカンプン、日本の読者に無関係の、それほど重要な本には思えません。

だからキリスト教またはユダヤ教の信仰者だけが読むものと思われてしまうのもいたしかたないですが、その点で、先に挙げた『アリステアスの手紙』は、世界を知りたいギリシア人の欲求にこたえる『トーラー』の側面を意識して書かれているので面白く、中でも注目すべき点が一つあります。それは、『トーラー』の魅力は、テキストの内容もさることながら、トーラーのテキストに精通した七十二人の翻訳者たちの解釈力の魅力をアピールしている点です。

つまり、彼らがいかに思慮深く、中庸の徳をもった、高潔な人格であるのかということを、晩餐会《ばんさん》をしながら王様とのやり取りを通して示そうとしている――こういうさまざまな言葉の解釈力を必要としているテキストというのは、現在の良い本のスタンダードから考えるなら、あまり完成度の高くない、たいしたことないテキストといえるかもしれません。

でも、ひとたび、その古代からの人々の解釈論争の世界を知りだすと、その意味の多義性に驚いてしまいます。『トーラー』の文言が意味を言い表す点では不完全な言葉が足りないスタイルであるがゆえに、人々がテキストの意味について思ってもみない問いかけをすることで、『トーラー』は、その言葉の内側にある魅力を発揮することがあります。その一つの例として思い出すのがイエス・キリストと律法学者の対話です。次に福音書からの一節を引用するので読んでみてください。

3 「先生、トーラーの中で、どの命令が最も重要でしょうか？」

ファリサイ派の人々は、イエスがサドカイ派の人々を言い込められたと聞いて、一緒に集まった。そのうちの一人、律法の専門家が、イエスを試そうとして尋ねた。「先生、律法の中で、どの掟が最も重要でしょうか」。イエスは言われた。「「心を尽くし、精神を尽くし、思いを尽くして、あなたの神である主を愛しなさい」。これが最も重要な第一の掟である。第二も、これと同じように重要である。「隣人を自分のように愛しなさい」。律法全体と預言者は、この二つの掟に基づいている」（新共同訳、マタイ二二：三四～四〇：強調は

筆者）

トーラー（律法）の中で何が一番大事な戒律（命令）なのか？　この質問で始まるイエス・キリストと律法学者のやり取りが新約聖書の中のマルコによる福音書（一二：二八～三四）とマタイによる福音書（二二：三四～四〇）に記録されています。

これは、論争の真剣勝負の記録であり、その火花の散り方として、律法学者（＝トーラー学者）は、律法（トーラー）の中で最も重要な「命令」の表現を、わざわざ単数形で尋ねているのに対して、イエスは二つの命令を引き合いに出して「律法全体と預言者は、この二つの命令に基づいている」と切り返します。これは、イエスがトーラーの戒律の構造をよく知っているからこそした答えで、彼は論争相手の学者が仕掛けてきた罠《わな》を見抜いていた、と私はユダヤ教の知識から個人的には解釈しています。

その罠というのは、こういうことです。律法には多くの戒律がある（ユダヤの伝統では六百十三を数える）のですが、食べたり飲んだり着たりの日常生活の事細かなことから結婚や離婚、また人間社会で起きる殺人や盗みや暴力などの犯罪とその処罰、さらに商取引などの裁判の決まり、また王が守るべき戦争の定めなど、これらの戒律は「人間と人間の関係にかかわる分野」についてのものです。けれども、律法の戒律はそれだけに限りません。神殿で守られるべき犠牲のささげ方、また神殿に立ち入る祭司たちが守るべき清浄の定めなど「神と人の関係にかかわる分野」の戒律も多く含むのです。そこで、どのような答えをしても、一つの戒律だけを『トーラー』の中より挙げるとするならば、《神と人の関係にかかわる分野》または《人間と人間の関係に関わる分野》の、どちらかから選ぶことになり、たとえ一つの分野で最重要の命令であっても、他の分野ではそうでない状況が生まれてくるということです。

この落とし穴を見抜いているからこそ、イエスは、第一と第二という序列をつけて二つの戒律で、トーラー学者の落とし穴に陥ることなく、彼らの質問に答えることに成功したといえます。

イエスの答えはこうです。最も大事な命令の第一は、「あなたの心のすべてをもって、あなたの生命のすべてをもって、あなたの力のすべてをもって、汝《なんじ》の神、主を愛せよ」という申命記の一句であり、それと同じように大事な第二の命令は「汝のごとく汝の隣人を愛せよ」というレビ記の一句です。これら二つの命令が「律法(トーラー)」と「預言者(ネビイーム)」の基礎であると答えました(イエスが根幹の文書を「旧約」とも「聖書」とも呼んでいないことに注目！　ここでイエスが用いた名称は、現在もユダヤ教で用いられている名称です)。

この一見、人を煙《けむ》にまいたようなイエスの答えは、実は、法律問題として「トーラー(律法)」について考え抜いた故の結論と思われます。それは法律(戒律)の機能について考えてみるとわかることですが、戒律は行動・実行することに価値があるのであって、ただそれらの言葉を心の中で瞑想《めいそう》しているだけでは戒律ではありません。そうすると、目には見えない「神を愛する」というのはどういうことか？　それも、ヘブライ語原文では「あなたの心のすべてをもって、あなたの生命のすべてをもって、あなたの力のすべてをもって」となっています。このような全霊全力で神を愛するアクションというのは、具体的な行動のイメージがわかない以上、想像上の愛の言葉のように読めて、戒律として理解することに疑問がわいてくると思います。それに対して、第二の戒律、「あなたのようにあなたの隣人を愛せよ」は、具体的なイメージを描きやすいです。

例えば、善きサマリア人の喩《たと》え(ルカ)の話などは、その隣人愛のイメージをきちんと問いかけているもので、ここでも法律解釈者としてのイエスの思慮深さを窺《うかが》うことができるのですが、その説明は別所に譲るとして、いずれにせよ問題は、第二の命令は、人間と人間の関係にかかわるので、神と人の関係について述べる第一の命令よりも、具体的な行動を伴う戒律ではあるのですが、それだけに「自分自身のように自分の隣人を愛する」というのは、逆に、常人にはとてもハードルの高い戒律にも思えるのです。

善きサマリア人の喩えを読むと、律法学者は「私の隣人は誰ですか?」ともっともな質問をイエスに投げかけています。ですが、彼らにとって、これら戒律にかかわる律法の文言にはすべて法律的な定義がなければ実行に移すことはできないので、真剣に「あなたの隣人」

の文言を、当事者意識をもって「私の隣人」と置き換えてイエスに質問しているのは、ある意味、行動しようという前提があるからで、心がけは立派でもあります。

実は、新約聖書のイエスの問答を彷彿《ほうふつ》とさせるようなやり取りが、ユダヤ教の賢者の文献にも存在していて、それを背景にすると、イエスの答えの思慮深さがよりよく見えてくるのですが、そのユダヤ賢者のやり取りとはこんなぐあいです。

「汝のごとく汝の隣人を愛せよ」(レビ一九:一八)。ラビ・アキバは言う、「これがトーラーの中の大いなる原理である」と。ベン・アザイは言う、「それはアダムの系図「神は人を創造された日、神に似せてこれを造られ男と女に創造された」(創世記五:一)である。これは、それ(レビ記の一句)よりも大いなる原理である」と。(『スィフラ』「コドゥシム・パラシャ2」四:一二)

ラビ・アキバ(二世紀初頭にローマ軍によって処刑される賢者)の教えでは、イエスの言う第二の命令が大いなる原理になるのですが、その意見に反対したのがラビ・シモン・ベン・アザイという賢者でした。彼の意見では、創世記五：一の一句こそが最も大きなトーラー(律法)の原理であるというのです。

しかし、この一句は、明らかに行動を命じる(または禁じる)戒律の一句ではありません。人間創造の物語のまとめのような一句です。なぜ、これが隣人愛の一句よりも大事な原理なのでしょうか？

実は、この一句こそは、イエスが第一の「神を愛する」命令と第二の「隣人を愛する」命令を並べて論じる理由といっていいものです。つまり、隣人愛は、人が人を愛していると思うから、その目の前の人間を見て好き嫌いや愛憎の感情に振り回されるのですが、自分の隣人は、誰であっても「神に似せて造られた」ことを忘れないなら、隣人を愛することは間接的に神を愛していることであり、全力を尽くして、生命をかけて、心を込めて神を愛する行動こそが隣人愛の根底にある動機ともいえるのです。

ここで、隣人愛は、二人称単数「汝の～」の言葉で語られていますし、神を愛する愛も二人称単数「汝は〜愛せよ」で命令されている意味を読み取るイエスの思考は、人と人の分野においての究極的な関係性を表現している隣人愛の命令こそは、根本的な、神と人間の密接な心の関係性を抜きには、成立しない命令と理解していたように見えます。

イエスやユダヤ賢者によるトーラー解釈の突き詰め方は、やりすぎのようにも思えますが、『トーラー』が、一方で神が人に命じる戒律の文書(ノモス＝律法)であるとともに、他方、神と人の麗しくも切ない物語、お互いを思いあう歴史のドラマとも読めるからこそ、「汝のごとく汝の隣人を愛せよ」の一句は、神と人の相互信頼の愛ゆえに、神が人に命じている一句としてとらえなければいけないのです。とはいえ、人と人の関係を述べる法律文書の常として、法律が公平な不特定多数の三人称の性格を持たざるをえないゆえに、その文言は自分に対する要求であるとともに、他人にも向けられた要求としても見えてしまいます。そんな権利の要求として、この隣人愛の一句を理解するような輩《やから》について、ラビたちは、最後に、次のように、人々に注意を促します。

「神のみ姿に似せて彼を造った」――ベン・アザイは「アダムの系図」これがトーラー

の大いなる原理であるという。ラビ・アキバは言う、「『汝のごとく汝の隣人を愛せよ』これこそが大きな原理である」と。だが、あなたは、「私は蔑まれたのだから、私の友よ、私とともに蔑まれてほしい」ということがないように。また「私は軽んじられたのだから、私の友よ、私とともに軽んじられてほしい」ということがないように。ラビ・タンフーマは言う、「もしあなたがこのようにするときは、誰に対して蔑みを行ったのかを知っておくべきである」と――「神のみ姿でそれを造った」。（『ベレシート・ラバー』「パラシャット・ベレシート」二四：七）

すべての人は、神のみ姿に似せて造られている――実感をもって理解するのは難しいことかもしれません。しかし、人と人の間で正義を競い、かえって、お互いの嫌なところばかりが目につくよりも、どんなに不完全に見えても、お互いには神のみ姿の土台があるのだと考えること、そして、「自分自身のように自分の隣人」が見えるようになること。それが隣人愛の第一歩という理屈には、なるほど！と思う部分がなくもないでしょう。まずは、手に取って『トーラー』を読んでみてほしいです。

参考文献

ノーマン・ソロモン『ユダヤ教』山我哲雄訳、岩波書店、二〇〇三年
加藤哲平『ヒエロニュムスの聖書翻訳』教文館、二〇一八年
ピンハス・ペリー『トーラーの知恵』手島勲矢・上野正訳、ミルトス、一九八八年

プラトンと職業

――『ゴルギアス』

葛西康徳

葛西康徳(かさいやすのり)
東京大学文学部・大学院人文社会系研究科教授。専門は西洋古典学。
著書『これからの教養教育』(共編著、東信堂)、フランソワ・アルトーグ『オデュッセウスの記憶』(共訳、東海大学出版部)。

1　古典との出会いと再会

みなさんが、「古典」と呼ばれるものに初めて出会うのは、いつごろでしょうか。「古典」をどのように定義するかにもよりますが、一般にわが国では「古典」に出会うのは中学生で「古文」と「漢文」、もう少し本格的に習い始めるのは高校生になってからだと思います。

また、これは私の場合ですが、高校二年生になって(一九七二年度)、「倫理社会」の授業で世界の思想家とその著作を習い始めたときです。「倫理社会」という科目は受験科目としては殆《ほとん》ど選ぶ人がいなかったので、担当の先生は大変おおらかに授業をやってくださったことを記憶しています。毎回自分が選んだ思想家(プラトン、ルソー、孔子など)を担当者が報告するという形式でした。今ではこのようなアクティブ・ラーニングは珍しくはありませんが、受験勉強一本槍だった当時の私には大変新鮮な思い出として残っています。ちなみに、私が選んだテーマは(なぜか)仏教がうまれる以前の古代インド思想でした。

次に、多くの日本人が「古典」に再会するのは、退職後時間に余裕ができて、図書館や書店で思い出に残る思想家の著作や古典文学作品を翻訳で読むときではないでしょうか。なかには外国語(ギリシア語やラテン語も含む)を学びなおして「原書」で読む方もいるでしょう。「西洋古典叢書」を出版している編集者から聞いたはなしですが、この叢書の購読層には学校の校長先生と官庁や会社の管理職が多いそうです。この人たちは大勢の生徒や部下に対し、あらたまった場で話をしなければならないからでしょう。

このように「古典」と呼ばれるものは一般の人にとっては若年と熟年の読み物となっているのです。かつて大学生はとりわけ「教養」時代に多くの古典を読んだと言われていますが、確たる証拠はありません。要するに、「古典」は壮年の読み物ではないようです。言い換えると、「古典」は実社会とりわけビジネスや行政には無縁の読み物です。

他方では、「古典」を専門として研究や翻訳をしている人がいます。私もその一人です。つまり「古典」を飯のタネにしている人たちです。この本の他の執筆者もそうだと思います。

このように「古典」は一方では実社会の厳しい現実にさらされて生きている人たちにとっては無縁の存在であり、他方では実社会の荒波にもまれる前あるいはもまれた後の人たちを対象としてこれで飯を食っている人たちの独占物となっています。一言でいえば、現実に生きる古典ではないのです。

もちろん、大学や大学院で古典を対象として勉強している人は一定程度います。古典をどう定義するか次第で、この人数は相当変化します。しかし、このような学生や院生の中で、実社会の荒波にもまれるために、その準備として勉強している人は多くはないと思います。「コミュニケーション技法(説得と交渉)を古典に学ぶ」と銘打《めいう》ったビジネス本が本屋の入り口に並んでいますが、このような本の著者が古典の研究者だとは思いませんし、読む人も学生時代に古典を勉強した人ではないでしょう。

このような状況はなぜなのでしょうか。昔からそうだったのでしょうか。古典には聖書やコーラン、仏典など宗教上の書物も含まれますので、古典が現実社会で生きていないと言うと異論があるかもしれません。しかし、仏典や聖書で金儲《かねもう》けをしようとか、支配者になろうとか考える人はいないでしょう。やはり、「古典」と現実社会の間には一定の距離があり、またそれが「古典」の「古典」たるゆえんかもしれません。つまり、現実批判あるいは現実と自分を距離を置いて見ること、というのが古典の価値だといってよいかもしれません。

では、古典は現実社会と距離をとるか、あるいはただ批判するためだけに書かれたのでしょうか。これを、いわば古典中の古典、その名を聞いたことはないという人はいない思想家、古代ギリシアのプラトン(前四二七～三四七)について考えてみましょう。

作品としては、初期作品『ゴルギアス』(前三九〇年頃)を取り上げ、これから古典に出会う人(高校生)の最も切実な問題である進路、つまり将来の職業選択の問題に焦点をあてて考えてみましょう。余談ですが、プラトンはみなさんのもう一つの切実な問題である(でしょう?)恋愛についても切実な議論を展開しています。それについては、『パイドロス』という作品を読んでみてください。いずれも信頼しうる大変読みやすい翻訳が岩波文庫から出ています。

私は、まず法学を勉強し、そのあと古典の中でも「西洋古典」と呼ばれる分野を専攻しました。西洋古典というのは、簡単に言えば、大体紀元前七世紀ごろから紀元後五世紀ごろまでにギリシア語とラテン語で書かれた文学作品を指します。ただし、広い意味の文学で、哲学や歴史作品を含みます。英語で'I read Classics'と言えば、西洋社会ではそれ以上説明の必要はありません。みなさんが、将来国際会議等のレセプションで、「あなたは大学で何を学びましたか」と西洋人に尋ねられて、'I read Classics' と答えれば、もうそれ以上何も話さなくても、お互いに意思疎通ができ、信頼関係が生まれます。

しかし、残念なことに日本の大学では、Classics を学部生(undergraduate)として学び、卒業後社会に出て政治、法律、ビジネスの世界で活躍する人は毎年ほぼゼロですので、このような「出会い」は生まれないでしょう。西洋でも Classics を学ぶ学生は減少していますので、その意味でも可能性は低いです。但《ただ》し、日本で哲学や歴史学を専攻し、特に古代ギリシア・ローマに関心を持ったという学生や院生は少なくありません。ぜひ、大学に入学したら勉強してください。

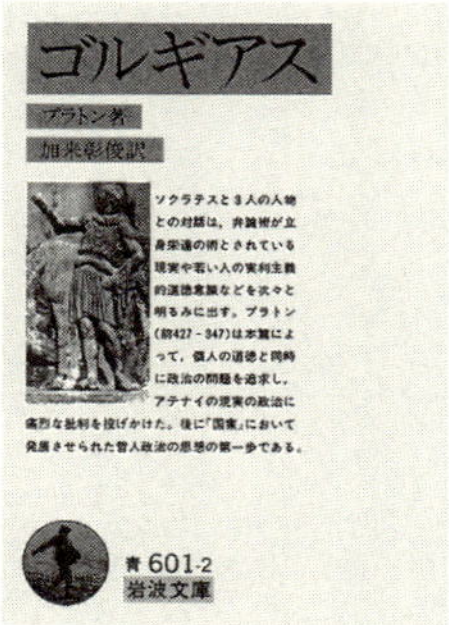

プラトン『ゴルギアス』
加来彰俊訳，岩波文庫

2　職業と専門家

みなさんは、世界史の授業で古代ギリシア(ここではアテナイ)では、生産活動や家事労働は専《もっぱ》ら奴隷が担い、市民は「自由」であったと習ったでしょう。ここでは男女ないしジェンダーの問題は一旦おくとして、この「自由」な市民の職業は何だったのでしょうか。木村靖二・岸本美緒・小松久男編『詳説世界史研究』（山川出版社、二〇一七年）によれば「一般にギリシア世界では自由人も大多数が自分で生産労働に従事しており、経済全般が奴隷制に依存していたとまではいえない」とあります（三七頁）。ということは普通の市民の職業は農業だったことになりますね。ありていに言えば、市民は農民だったわけです。このようなイメージをみなさんはもっているでしょう。では、本当にそうだったのでしょうか。

普通の市民とはとても言えませんが、あのソクラテスの職業は何だったでしょうか。紀元後三世紀に書かれたとされるディオゲネス・ラエルティオス（加来彰俊訳）『ギリシア哲学者列伝（上）』（岩波文庫、一九八四年）によれば、ソクラテスは、なんと、石工（彫刻家、*lithourgos*）ソプロニスコスの子として生まれ、「奴隷として働き、石を刻む仕事をしていた」のだと書かれています。ただし、もちろんそれ以外の活動もしており、同書によれば「石工のくせに、法律習慣についてへらず口をたたき、ギリシアの呪《のろ》い師であるのに、厳密な議論をすると称しては、弁論家たちを鼻であしらい、半ばアッティカ方言で空とぼけている」とも言われています。ちなみに彼のお母さんは助産師であり、彼の二人の奥さん(順々にという説と同時にという説があります)の職業はよくわかりません。

ディオゲネス・ラエルティオスの伝える情報の真偽はともかくとして、最近の研究によれば、古代のアテナイには実に多種多様の職業名があったことが資料に残っています。食料生産 一二、食料販売 二〇、小売業 一八、衣料 一七、建築 一七、鉱山金属 一四、運輸 一二、家庭用品 一四、サービス業 一三、金融 三、燃料 一、彫像 八、音楽舞踊 六、教育五、ざっとこんな感じです(Harris 2002)。

職業名の数がそのまま実際の職種の数と同じかどうか、フルタイムかパートタイムかなどいろいろ問題はありますが、本当に多種多様ですね。これによれば、ソクラテスの父とソクラテス自身の職業についてのディオゲネス・ラエルティオスの先にのべた情報はあながち作り話とは言えないかもしれません。

そして気になるのは「奴隷」です。これらの職業に就くのはしばしば奴隷でした。奴隷は実に幅広く社会の多方面で仕事をしました。たとえば紀元前四世紀の大銀行家パシオンは元奴隷です。

このような関心で『ゴルギアス』を読んでいくと、登場人物やそこで言及されている人たちは、実に様々の職業に従事していることがわかります。それは、ソクラテスのゴルギアスに対する最初の質問が「職業はなんですか」だからです(447D.この数字とアルファベットはプラトンの著作の箇所を示しています)。職業に対して、プラトン(ソクラテス)が職業をどのように捉えていたか、という視点から作品『ゴルギアス』を読んでみると実に面白いことがわかります。

この作品はプラトンの前期作品の中で代表的なもので、紀元前三九〇年頃に作られたといわれています。この時期はアテナイではペロポネソス戦争の混乱とその敗戦後の内乱が一応終息し、ソクラテス裁判とその死後、社会が安定に向かう頃です。しかし対話はソクラテスと弁論家ゴルギアスの間のものであることから、作品の設定年代は前五世紀の後半とされます。

この作品には「弁論術について」という副題がつけられています。しかし、弁論術が直接議論の対象になっているのは最初の四分の一程度で、それ以降はより一般的に正・不正の問題が論じられ、人は不正を為すことよりも被ることの方がよい、という一見受け入れがたい主張をソクラテスは執拗《しつよう》に展開しています。

さらに最後の部分では有名な作り話(ミュートス)を語っています。それによれば、人は生きている間において、正しく、また敬虔に過した者は、死後「幸福者の島」に移り住み、幸福のうちに日を送ることになるが、不正に、神々をないがしろにした者は、償いと裁きの牢獄に行かなければならない。そこで裁判官(ミノス、ラダマンテュス、アイアコス)の裁きを受ける。その際、裁判官はその者たちの外見ではなく、魂を観察する。不正を犯した者のうち、癒やされうる過ちを犯した者は、苦痛と悲歎《ひたん》を通して、その不正に対して正当に処罰されることによって利益を受ける。それに対して極端な不正を行なった者は不治の者として、全然利益を受けることはなく、最も大きな、最も苦しい、また最も恐ろしい刑罰を受けることになる。このようなミュートスを語ってこの著作は終ります。

読者のみなさんが現在悩んでいる進路や職業選択のことを考えて、ここでは私は職業という言葉を英語の profession の意味で用いたいと思います。職業を表す単語は他にもありますが(occupation, job, vocation, etc.)、この中でprofessionは一定の期間の訓練と資格を要し、報酬《ほうしゅう》を伴うもので、代表例は法律家(我国では弁護士、裁判官、検察官の三者を指し、法曹とも呼ばれます)や医者で、建築家、科学者、会計士、大学教員、官僚(公務員)等ももちろん含まれます。つまり、厳密には「専門職業」あるいは「専門家の職業」という意味です。聖職者がこれに含まれるかどうか、私は含めていいように思いますが、報酬との関係で異論が出るかもしれません。

さあ、『ゴルギアス』を読んでいきましょう。ゴルギアスの兄弟へロディコスは医者(448B)であることから始まって、画家(448C)、体育教師、実業家など、次々に登場します。そして、ゴルギアスの職業は何かと尋ねられると、「弁論家(*rhetor*)」と答えます(449A)。

さて、弁論家とは何でしょうか。ここからソクラテスとゴルギアス、そして弟子のポロス、さらにはカリクレスとの間で、言語バトルが繰り広げられます。これは、弁論家の定義をめぐる議論として捉えることができます。定義するとは、他と区別することです。まず、手段が「言論(ロゴス)だけ」であり、次に扱う対象が「人間にかかわりのある事柄のなかでも、一番重要で、一番善いもの」とされ、これはすなわち、健康、外見、財産ではなく、「自分自身には自由をもたらすことができるとともに、同時にまた、めいめい自分の住んでいる国において、他人を支配することができるようになるもの」を対象とします。換言すれば、「言論によって人びとを説得する(*peitho*)能力がある」人、つまり「法廷では陪審員たちを、政務審議会ではその議員たちを、民会では民会に出席する人たちを、またその他、およそ市民の集会であるかぎりの、どんな集会においてでも、人びとを説得する能力がある」人、これが弁論家なのです(452D-E)。

これまでプラトンの議論についてきた人も、このあたりで戸惑い始めるのではないでしょうか。健康、外見、財産を獲得する職業として、それぞれ医者、体育教師、そして実業家あたりまでは、現代の常識にも通用します。外見と体育教師というのはちょっとピンとこないかもしれませんが、オリンピック競技などから想像してください。また、先ほど恋愛といいましたが、ギリシア人男性にとって、恋愛の対象は同性であり、これは彼らの「文化」です。では言論で他人を「説得する」ことにいったいどのようなメリットがあるのでしょうか。

そのような能力のある弁論家になればどのようないいことがあるのでしょうか。

この問題を解くキーワードは「説得する」という言葉、ギリシア語ではペイトー(*peitho*)にあります。「説得する」と訳しましたが、この翻訳はある意味で誤訳です。英訳などでは persuade と訳されているから、間違いではないと思われるかもしれません。そこが落とし穴なのです。

3 説得と専門(テクネー *techne*)

説得と訳されるギリシア語ペイトーは、ギリシア語の中でもホメロス以来、よく用いられる単語です。とりわけ、プラトンは好んで用います。先にあげた『パイドロス』、そして晩年の大作『法律』では非常に重要な意味を担っています。

先ほど、ペイトーを説得と訳するのはある意味で誤訳であるといいましたが、その理由は二つあります。

第一に、説得するというと、その手段は「言葉」であるかのように思われますが、実際の用例はそれよりずっと意味が広く、手段は言葉以外に金銭とか性欲などを含みます。金銭による説得、つまり買収ですね。要するに、強制(物理的な力)以外の方法によって相手を自分の意のままに操ること、これがペイトーです。その証拠に、奴隷は強制によって従わせますので、説得の対象ではありません。前述のゴルギアスの定義をよく御覧ください。相手は市民だという限定がありますね。

第二の理由は、説得するという日本語は、説得によって相手が言うとおり従ったかどうかまではわかりません。説得しようとした、という意味ですね。ギリシア語ペイトーは、相手を従わせるという意味です。強制によるというのと同様に、相手は(その意味では望むと望まざるとにかかわらず)言うとおりにさせられるのです。非常に強い意味です。ある意味では、強制よりもたちが悪い。自覚しないままに相手の言うとおりにしてしまう。ここから、騙《だま》すという意味にもなります。あるいはまた、力による強制ではないが、望まないにもかかわらず(自覚のないままに)そのようにさせられたという言い訳(屁理屈)にもなります。無責任だという非難を浴びそうですね。実は、弁論家ゴルギアスの遺作(『ヘレネー賛歌』)にはこのような弁論があるのです。

もうおわかりいただけたと思います。ソクラテスが弁論家ゴルギアスとその専門(テクネー techne)、すなわち弁論術(*techne rhetorike, ars rhetorica*)を徹底的に批判する理由はこのようなペイトーのもつ危険性および二面性にあったのです。もう一度いいますと、強制(奴隷)ではないという意味ではポジティブな側面、言葉以外の手段も含み、かつ結果として相手の言うとおりにしてしまうというネガティブな側面です。

ゴルギアスは弁論の専門家、つまり弁論家です。このようなパワフルな専門(弁論術)が、紀元前五世紀後半のアテナイで人気を博したのは偶然ではなく、それなりの理由があります。ご存知の「デモクラシー(民主制)」の発達です。彼のいう説得は、一人対一人の関係ではなく一人対(不特定)多数であり、かつ説得の相手方は自分とは異なる意見や主張を述べている相手ではなく第三者(聴衆)なのです。これがアテナイの民会(全市民に参加資格あり)、政務審議会(評議会ともいいます。五百名)、そして法廷の構造に対応していることは明らかです。ちなみにソクラテスに死刑の評決をした法廷の陪審員の数は五百一名でした。

西洋における弁論術は長い歴史をもち、現在でも教育(特に、書くことと人前でしゃべること）の基礎となっておりますが、その草創期はきわめて現実的であり、政治と裁判に直結するものでした。とりわけ裁判の場合は深刻です。なぜなら、アテナイでは本人訴訟が原則ですので、ソクラテスの裁判をみればおわかりのように、聴衆を説得して過半数の票を獲得できなければ、敗訴し、場合によっては死刑です。従って、弁論家ゴルギアスが高い報酬をとって弁論術を売り物にしたというのは、彼自身が直接裁判で弁論するのではなく、その方法を教えるというやり方です。また、ゴルギアスはシチリアの人でアテナイ人ではありませんので、そもそも裁判の原告被告にはなれません。ゴルギアスの次の世代以降の弁論家は、「弁論代作人（*logographos*）」と呼ばれ、彼らが書いた法廷弁論の相当数が現在まで伝わっています。

さて、このようなパワーを有する専門を「悪用」したらどうなるでしょうか。また、そもそも善悪あるいは正・不正の基準は何でしょうか。みなさんは、これまでの話の中に法律家（lawyer）が出てこないことに気が付きましたか。そうです。アテナイには現代のような法律専門家がいないのです。profession の例として真っ先に挙げられるべき法律家が出てこないというのは不思議ですね。

これはアテナイに法律がなかったことを意味しません。法案策定と法律解釈を行う専門がついに成立しなかったのです。この点が、のちにコモン・ロー(英米法)と並ぶ西洋法の二大グループの一つ「ローマ法」を形成する基礎をつくったローマとの大きな違いです。ただし、古代ローマでも帝政後期までは、判決を下すのは基本的に法律専門家ではなくアマチュアでした。

ちょっと脇道にそれましたが、アテナイでは法律に従って裁判しなかったのでしょうか。もちろん、そんなことはありませんが、裁判の目的は「正義(ディケー *dike*、英語の justice)」の回復であり、法律はその一手段にすぎません。裁判における法律の意義をどの程度評価するかについては、研究者の中で意見は割れています。私は、前四世紀の中期以降は、少なくとも裁判(訴訟)制度は相当整備されてきたと思います。ただし、それは現在の我々から見て合理的(例えば、証拠法の成立とか、適正手続きとか)と言えるかどうかわかりませんが、裁判(公判)以前の諸手続きが整備され、裁判で何を議論するか準備できるようになりました。だからこそ、先にのべた弁論の代作ができるようになったのです。相手が何をしゃべるかわからないようでは、こちらも代作のしようがありませんから。

さて、裁判の目的が正義(ディケー)の回復だという点は、ギリシア語のディケーの用法にもよく表れています。まず、ディケーは正義という抽象的な概念ではなく、具体的な裁判を意味します。あるいは、裁判を念頭において用いられます。ホメロスの『イリアス』十八巻には西洋最古の裁判シーンが描かれていますし、ヘシオドス『仕事と日々』にも登場します。ギリシア語では、原告は「ディケーを追跡する人」、被告は「ディケーから逃げようとする人」と呼ばれます。「ディケーを与える」の意味は「罰を受ける」、「ディケーを受け取る」は「罰を与える」です。それほど重要な言葉だからこそ、プラトンはこの言葉にこだわるのです。

彼は、弁論術の対象である正・不正について弁論家は知っているのかどうか、知っているとすればそれは何か、と詰め寄り、正義について知らない弁論家が無知なる聴衆を説得するのが弁論術という専門ではないのか、と挑発します。この挑発にのってゴルギアスの弟子のポロスが、そしてついにはカリクレスが登場し、有名な正義論を展開します。ここでは正義論には立ち入りませんが、その部分を引用しておきましょう。

（カリクレス）「しかしながら、ぼくの思うに、法律の制定者というのは、そういう力の弱い者たち、すなわち、世の大多数を占める人間どもなのである。だから彼らは、自分たちのこと、自分たちの利益のことを考えにおいて、法律を制定しているのであり、またそれにもとづいて賞賛したり、非難したりしているわけだ。つまり彼らは、人間たちの中でもより力の強い人たち、そしてより多く持つ能力のある人たちをおどして、自分たちよりも多く持つことがないようにするために、余計に取ることは醜いことで、不正なことであると言い、また不正を行なうとは、そのこと、つまり他の人よりも多く持とうと努めることだ、と言っているのだ」（483B-C）

ソクラテスの挑発のテクニックを見るとき、そこには専門（術、テクネー）という言葉がキーワードになっているように思います。そこで、次のチャートを見てください（464B-465C）。

		（術）	（経験または迎合）
精神	政治術	立法術	ソフィストの術

		司法術	弁論術
身体	身体の世話をする術	体育術	化粧法
		医術	料理法

このチャートは、種々の専門を分類し、整理したものです。

まず、対象を人間の精神と身体に分け、前者を政治術、後者は特定名称はなく「身体の世話をする術」と名付けます。政治術という名称には違和感があるかもしれませんが、ポリスを統治する術くらいの意味にとってください。

第二に、さらにそれぞれを立法術と司法術、体育術と医術に二分します。『ゴルギアス』の校訂と注釈を行ったドッズ(E. R. Dodds 1893-1979)は、各々の前者を規制的(regulative)、後者を矯正的(corrective)と性格付けています。法律においては、事前規制か事後の紛争解決かという問題です。なお、ドッズは二十世紀後半の西洋古典学の方向を決定した人です。

最後に、これが最も重要ですが、扱う対象がどのようなものであるかを知っているか、いないかによって二分します。前者は専門＝術(テクネー)と呼ぶにふさわしいものとして、後者は単なる経験、あるいは相手(聴衆)の嗜好に媚《こ》びるもの(迎合)として性格付けをします。現代風にいうならば、科学と似非《えせ》科学というところでしょうか。化粧法とか料理法という言葉には、驚かれませんか。丹下和彦氏によれば、ギリシア人は思いのほかグルメだったのです。念のため申し添えますと、化粧法というのは、男性がする化粧のことです(Davidson 1997)。同性愛はギリシア人の文化であるということを思い出してください。

専門＝術と経験ないし迎合に分ける基準についてのソクラテスの論法は、正直に申しましてフェアーではない気がします。聴衆を無知と断言し、弁論家に対象となる事柄(例えば、正・不正)がわかっているのですか、と問いかけます。それでは、「あなたはわかっているのですか」と反問したくなるのは、多分私だけではないでしょう。先のチャートで弁論術に対立する術としての司法術(*dikaiosyne*)が挙げられていますが、これは一体何だというのでしょうか。

ソクラテスの論法(挑発)が、一見もっともらしく感じるのは、医術や数学などの専門と弁論術をパラレルに置いて議論をしている点です。これに対して、弁論家は特定の専門では負けてしまうので、なんでも扱うと答えてしまったために、まんまとソクラテスの術中にはまってしまったのです。しかし、重要なことは、『ゴルギアス』が書かれた時期(前三九〇年頃)には、既に多くの専門および専門職業が生まれてきているのだということです。

4　おわりに

だんだんソクラテス批判の雰囲気になってきましたが、プラトンはこの後、次々に著作を書いて、『パイドロス』では弁論術をただ批判するのではなく、その骨格を描いています。司法術のギリシア語は *dikaiosyne* ですから、これは正義ということになりますが、これを中心的に扱った『国家』を世に問いました。最後に、立法術に関して『法律』という大作を残しました(前三五〇年前後)。『法律』は『国家』に比べるとエキサイティングな作品ではありませんが、アテナイの社会制度、慣習、教育、そして法律を他のポリスとの比較を交えて、実に周到かつ包括的に論じています。そして興味深いことに、『法律』では説得(ペイトー)のもつ積極面が、『ゴルギアス』とは対照的に前面に出てきます。その点は教育書かと思われるほどです。しかし、『法律』にはもはやソクラテスは登場しません。

では最後に、声をそろえて一緒に質問を発しましょう。

「プラトンさん、あなたの専門(職業)は何ですか」

参考文献

プラトン『ゴルギアス』加来彰俊訳、岩波文庫、一九六七年、改版二〇〇七年
プラトン『パイドロス』藤沢令夫訳、岩波文庫、一九六七年、改版二〇一〇年
プラトン『プロタゴラス』藤沢令夫訳、岩波文庫、一九八八年
E. R. Dodds, *Gorgias*, Oxford 1959
E. R. Dodds, *The Greeks and the Irrational*, Berkeley 1951
ドッズ『ギリシア人と非理性』岩田靖夫・水野一訳、みすず書房、一九七二年
E. R. Dodds, *Missing Persons—An Autobiography*, Oxford 1977
田中美知太郎『ソクラテス』岩波新書、一九五七年
久保正彰『ギリシア思想の素地』岩波新書、一九七三年
丹下和彦『食べるギリシア人—古典文学グルメ紀行—』岩波新書、二〇一二年
納富信留『ソフィストとは誰か?』ちくま学芸文庫、二〇一五年

納富信留『プラトンとの哲学』岩波新書、二〇一五年

James Davidson, *Courtesans and Fishcakes: The Consuming Passions of Classical Athens*, London 1997

Edward M. Harris, 'Workshop, marketplace and household: the nature of technical specialization in classical Athens and its influence on economy and society', in Paul Cartledge, Edward E. Cohen and Lin Foxhall (eds.), *Money, Labour and Land: Approaches to the economies of ancient Greece*, London and New York 2002, 67-99（最後に、職業リストとその出典（資料）が載せられている。）

近代の始まりと学問、自然
——『方法序説』

谷川多佳子

谷川多佳子（たにがわたかこ）
筑波大学名誉教授。専門は哲学・思想史。
著書『デカルト『方法序説』を読む』（岩波現代文庫）、『主体と空間の表象』（法政大学出版局）など。

1 『方法序説』について

デカルトの『方法序説』は、三百五十年以上も前にヨーロッパで書かれた小さな本です。小さいがしかし、六部に分かれたこの書物は、①学問、②その方法、③生き方、④考える私、⑤宇宙・人体、⑥自然の科学の展望――これらの問題について、自伝的記述を軸に、わたしたちが学ぶべき内容を表現して、彼の学問・生き方・哲学を示しています。

近代初め十六世紀から十七世紀にかけて、ヨーロッパはそれまでの先進文明圏だったイスラーム世界や中国を凌駕《りょうが》して、世界的優位を確立しました。背景には、ルネサンスの三大発明(印刷術、火薬、羅針盤)に現れるような、科学・技術の進展、大航海による他民族・異文化との接触と交流などがありました。

そうした時期、近代の学問の礎《いしずえ》となる哲学を確立したのがデカルトです。そのころ哲学は、学問全体をカヴァーするものでした。実際に科学者であった哲学者も多く、ルネ・デカルト(一五九六～一六五〇)もそのひとりです。生涯の多くの時間、科学研究に携わり、数学、物理学、天文学、解剖学、医学など、広範な学問領域で活動しました。

代表作『方法序説』(一六三七)は、科学論文集の序文として出版されました。自伝的な記述のもと、六部に分かれた本書は、以下の内容を記述します。

第一部は若い時期の願望から始まり、学校で学んださまざまな学問の検討をして、最終的に書物の学問の確実さを否定して、旅に出ます。第二部で、数学的な方法が四つの規則として示され、学問全体につなげていくことが目指されます。第三部では、生き方として暫定的《ざんていてき》なモラルが語られます。第四部が、有名な「私は考える、ゆえに私は存在する」。これを哲学の第一原理として、それに伴う心身の二元論、さらに神の存在証明が述べられます。第五部では、心臓を中心にした人体の仕組み、第六部では自然の学問の展望、人間と自然の関係が述べられます。

2 デカルトの生涯と『方法序説』

デカルトは、フランスの真ん中にあるトゥーレーヌ州、大河ロワール川と小さなクルーズ川とが流れる、ラ・エという小さな町に生まれました。当時フランスの庭園とうたわれた豊かな地方で、気候も温暖で肥沃な地域でした。父親はブルターニュ高等法院評定官という高等官僚で、祖父はシャテルローの医師でした。『方法序説』のテキストをみながら、デカルトの生涯をたどっていきましょう。

生地に近いラ・フレーシュのイエズス会系の学校に入学し、おそらく一六〇七年の復活祭から一六一五年の秋まで、ここで学校生活を送ったようです。この学校をデカルトは「ヨーロッパで最も有名な学校のひとつ」と評し、その教育は伝統的なスコラ学や人文系学問と共に、当時のガリレオによる新発見や数学など、新しい科学にもひらかれた面をもっていました。学校での勉強の意味をある程度は認めたものの、学業を終えると、デカルトは、「書物の学問」を捨ててしまいます。「私自身」と「世界という書物」に見いだされる学問のみを求めて、旅に出るのです（第一部）。

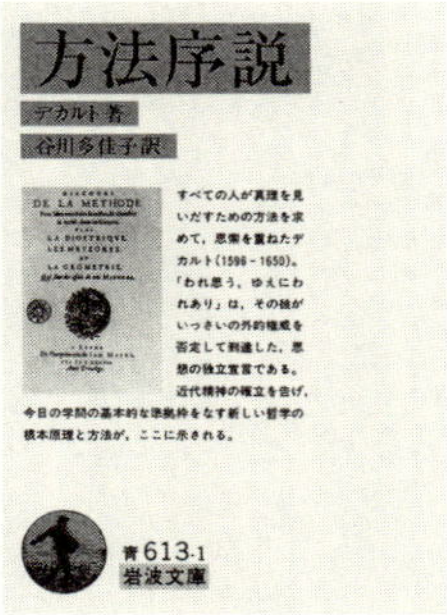

デカルト『方法序説』谷川多佳子訳，岩波文庫

当時のヨーロッパは三十年戦争の時期です。志願将校

としてオランダやドイツの軍隊に入り、各地を旅してまわります。一六一八年オランダのブレダで優れた軍事技術を持つプロテスタントのナッサウ公の軍隊に入り、さらに同地で偶然出会った新進の科学者ベークマンと共同研究をします。オランダでのこうした活動で、新しい技術や科学研究にふれ、旅はこうした方面での研鑽《けんさん》を積むためでもあったでしょう。冬から春にかけては数学に没頭し、そのあと再び旅に出て、ドイツに渡ります。

ドイツではカトリック最強の軍隊といわれたバイエルン公の軍隊と合流しようとしますが、冬が到来し、ドナウ河畔のノイブルクの村に留まり、「終日ひとり炉部屋に閉じこもり、心ゆくまで思索にふける」ことになります。そこで新しい学問の構想を得たことが推測されていますが、『方法序説』では、数学と論理学を基にした方法の四つの規則が述べられます。①私が明証的に真であると認めるのでなければ、どんなものも真として受け入れない。②検討する難問の一つ一つを、できるだけ多くの、しかもそれらを一層うまく解決するために要する小部分に分割する。③考えを順序に従って導く。単純なものから始めて複雑なものの認識にまで上がっていく。④全体にわたる見直しをする。この四つは、明証性の規則、分析の規則、総合の規則、枚挙の規則、とよばれます。「この方法を……数学以外の学問の難問にも適用できる」と期待します。ある意味で、数学を基本にした方法であり、順序と数量関係を明らかにして、多くの学問領域に適用しようというものでした(第二部)。

これにつづいて、学問の規則はこの四つの規則で十分ですが、道徳の規則はまだ作り出せないので、実際に生きていくための暫定的なものとして、三つの方針を述べます。国の法律と慣習に従うこと、自分の行動においては一度決めたら一貫してそれに従うこと、運命よりは自分に打ち克ち、世界よりも自分の欲望を変えるよう努めること、です(第三部)。

そのあとの足取りはあまりわかっていませんが、イタリアには行っています。それからパリに数年滞在して、著名な科学者や神学者や文人とも交流しています。

一六二八年の終りに再びオランダに赴き、「この地に隠れ住む」決心をして、以後一六四九年までの二十年間、数回のフランス旅行を除いて、住所は変えますが、ずっとオランダで暮らします。ここで、第四部に述べられる形而上学的な思索を固め、解剖学など生物学や医学にかかわる研究にも携わっていたようです。

一六四九年初頭デカルトは、スウェーデン女王クリスティーナに招かれます。女王は二十三歳でしたが、該博《がいはく》な知識を身につけていたばかりか、当時の学問について独自の判断をくだすほどの知的力がありました。女王はフランス大使を介して招請をつづけ、四月には軍艦まで派遣して要請をしています。

デカルトは手紙で、「氷と熊の国」と形容する、寒い、凍《い》てつくような国へ行くのを躊躇《ちゅうちょ》します。しかし結局は招請を受け入れ、十月にストックホルムに渡ります。そこで、アカデミー設立の計画をしたり、三十年戦争の終結を祝う舞踏劇の脚本を書いたりします。年が明けて、多忙なクリスティーナ女王の時間的都合のため、デカルトは朝の五時から宮殿で進講することになります。厳寒のなか、朝寝の習慣のあったデカルトには酷であったか、病に倒れます。風邪をひいて肺炎を起こし、二月にストックホルムで亡くなります。

3 デカルトの二元論と自然

オランダで結実した哲学的な思索は、『方法序説』第四部で語られます。懐疑から始まり、すべてを懐疑にかけて、疑わしいものは排除していくのです。まず感覚を疑いそれを取り除《のぞ》ける。次の段階で誤謬《ごびゅう》推理、推論を取り除ける。最後に眠っているときの思考、夢の幻想を取り除ける。懐疑の果てに、コギト(私は考える、のラテン語)があらわれます。

「しかしそのすぐ後で、次のことに気がついた。すなわち、このようにすべてを偽と考える間も、そう考えている私は必然的に何ものかでなければならない、と。そして「私は考える、ゆえに私は存在する」というこの真理は、懐疑論者たちのどんな途方もない想定といえども揺るがし得ないほど堅固で確実なのを認め、この真理を、求めていた哲学の第一原理として、ためらうことなく受け入れられる、と判断した」(第四部)

私の本質は「考えること」であり、身体や物体に依存しないし、考えることが、世界のある無しにかかわらず、私の存在を保証する、とデカルトは言います。考える私、つまり精神と、身体や物体としての物という二つの実体が峻別《しゅんべつ》され、心(mind)と物(body)が分けられる近代の二元論が確立されるのです。それはまた、主体(subject)と対象(object)が区別される二元論ともなります。

最終部でデカルトは自然の研究と学問の展望を述べていますが、そこで「自然」は、物であり、科学の対象であって、主体である人間が征服するものとなります。

「われわれが人生にきわめて有用な知識に到達することが可能であり、学校で教えているあの思弁哲学の代わりに、実践的な哲学を見いだすことができ、この実践的な哲学によって、火、水、空気、星、天空その他われわれをとりまくすべての物体の力や作用を、職人のさまざまな技能を知るようにはっきりと知って、同じようにしてそれらの物体をそれぞれ適切な用途にもちいることができ、こうしてわれわれをいわば自然の主人にして所有者たらしめることである」(第六部)

哲学は当時はひろく学問全体を示していましたが、当時の思弁的な哲学を否定して、実践的な哲学を求めます。そこで自然の法則を明らかにし、自然科学の有用性を重視することが基本にあります。自然は、ルネサンスまでのような、隠れた力をもつものではなく、科学的な法則の総体としてとらえられていきます。

自然を支配する、というのは、デカルトと同じく近代哲学の祖といわれたフランシス・ベーコン（一五六一〜一六二六）の影響があり、ヨーロッパ近代の基本的要請のひとつだったといえましょう。ベーコンによれば、全人類が事物を支配し、自然に対して人間の王国を建設するのは、技術の発明によって可能となります。発明の力と効果と帰結が当時の三大発明にあらわれ、学芸・戦争・航海においていかに世界の様相を変えたかをみるならば、文明の基礎である技術的発明へと系統的に導くような知識こそが時代の求め生み出そうとしているものだというのです。ベーコンは「知は力なり」と言いましたが、新しい知と学問は自然を解き明かし、「知と力は合一し、自然にしたがうことによって、自然を征服する」のです（ベーコン『ノヴム・オルガヌム』）。

こうした近代哲学の自然観が、西洋の科学技術の発展を推し進め、現代の自然破壊や環境問題につながっている、という認識をしめす識者も多いのが現状です。

ただしデカルトは、こうした科学による自然支配を述べたあとで、自然科学が発達すれば、「大地の実りと地上のあらゆる便宜を……享受できる」といって、人間の幸福や健康についての希望と展望を語っています（第六部）。近代以降の科学・技術や自然・環境を考える際に忘れてはならない視点だと思います。

自然科学が進歩すれば人間は幸福になれる、自然の学問、特に医学が発展すれば、人間はもっと幸福になれる、と最後に医学への希望を語っています。

4 「自然」について——日本の近代から

日本では、「自然」という語は、明治になってから、西欧語 nature の翻訳語として使われています。この翻訳語は、無機物や有機物を含めた自然物、そういう自然物の全体としての世界そのもの、そして客体として対象化された自然界を言いあらわしています。

明治になるまでは、このことばは、こうした意味を持ちませんでした。最も古いといわれる『万葉集』の用例では「おのづから」という副詞に「自然」の字があてられています。そのあと中世では仏教の影響による「自然《じねん》」という語がよく出てきますが、これらは自然界のことではなくて、人間、社会、歴史などの運命的なあり方などを言いあらわしました。仏典の用語法で、「自然」「自然法爾《ほうに》」は、宗教的信仰や解脱の構造、宗教的真理などをあらわし、そうした制約からも、人間の対象としての自然界の名とされなかったのです。「じねん」と発音されるこの「自然」という語は、ものごとがおのずからそうなるさま、というようなことを意味していたといえましょう。

近代以降いまに至るまで、「自然」ということばには、西欧語の nature の翻訳語としての意味と、日本の伝統的な意味とが共存しているわけですが、自然ということばに端的にみられるように、日本近代には、こうした西洋の原理や考え方と、古くからある伝統的なものとが重合的になっています。

日本は明治以降、急速な近代化をなしとげました。明治期、西洋の学問や科学・技術が移入され、学問や文化、生活の近代化が形成されました。現在の日本における近代の諸科学の水準は高度な世界的レベルを維持しているし、テクノロジーの発展には著しいものがあります。

西洋近代による諸学問や科学・技術を高度に有する一方で、伝統的な文化や宗教、芸術は消滅することなく豊かに続いているし、個人のあり方や人間関係、心性にも伝統的な特徴が残存していることは否定できません。

哲学でも、明治以降近代の日本哲学は、西洋の哲学の移入に多大な努力を傾注しそれは今も続いていますが、こうした日本の伝統の基層との接触や融合によって独自なものが生み出されたともいえます。「自然」にかかわっていくつかの例をみると、京都学派にあった九鬼《くき》周造《しゅうぞう》(一八八八~一九四一)の著作には、日本人の道徳の特色として「自然」が示されています。「日本の道徳の理想にはおのづからな自然ということが大きい意味を有《も》っている。殊更《ことさら》らしいことを嫌っておのづからなところを尊ぶのである。……西洋の観念形態では自然と自由とはしばしば対立して考えられている。それに反して日本の実践体験では自然と自由とが融合相即して会得され……天地の心のままにおのづから出て来たものが自由である」(「日本的性格」昭和十二年)。

西洋哲学や数学などから多くを学び、しかも仏教や日本文化の根底をもつ西田幾多郎《きたろう》(一八七〇~一九四五)は、「場所の論理」と呼ばれる独自の思想を構築し、京都学派を築きました。処女作『善の研究』では、デカルトのコギトが「直覚的経験の事実」であり、「哲学が……新《あらた》に確固たる基礎を求むる」動機であったといいます。西田の懐疑の歩みはある意味でデカルトに近く、「疑うにももはや疑いようのない、直接の知識」を、「直覚的経験の事実即《すなわ》ち意識現象についての知識」とします。事実と認識に間隙《かんげき》がない「直覚的経験」です。

けれどもデカルトは、懐疑の果てに自分の存在をみいだすと、「私は考える、ゆえに私はある」を哲学の第一原理としました。これに対して西田は、「疑いうるだけ疑って」、そうした疑いそのものを成立させている「直覚的経験の事実」を示します。これを立脚点として、そこから、デカルトが本当の意味では直接的知識から出発していないと批判するのです。

西田は、物や環境、自然に対する西洋近代の方法を検討し、根本的に批判していきます。物について『論理と生命』で、「物というものは、客観的にして一般的なもの、我々の如何《いかん》ともすることのできないもの、それ自身によって変ずるものである」といいます。昭和十五年に岩波新書の一冊として刊行された『日本文化の問題』で、日本的な「自然」についてこう言っています。「己を空《むなし》うして物を見る、自己が物の中に没する、無心とか自然法爾とか云うことが、我々日本人の強い憧憬の境地である」。また生命や環境について、「有機体を中心としてそれと環境との関係を考える」と述べるが、その少し前の「実践と対象認識」という論文でこう述べています。やや難解ですが引用します。

斯《か》く生産、分配、交換、消費が単に同一ではなく、有機的全体の肢体としてそれ自身に於て繰返され、生産の或《ある》形式が他の形式を限定し、又それ等の相互関係を限定する、併《しか》し又生産自身も亦《また》他の契機から限定せられる。かゝる有機的全体……。

この少しあとで、「生産と消費とが直接的に一なのでなく、その間に分配とか、交換とか、社会的なるものが入るとしても、その根柢《こんてい》に於て生物的生命の社会的媒介によって広げられたもの、生物的生命の延長……」といいます。

物や環境に対する西洋近代の視点を批判して、生産・分配・交換・消費について、有機的全体としてとらえようとしています。「有機的全体」はひとつの生命体といえます。生命体は、有限性をもち、具体的には死が避けられません。生命的世界の全体は、こうした個体の死を含みながらも全体の生が維持されます。しかし二十一世紀の現在、私たちにとって、その「全体」そのものの有限性が問題になっているのではないでしょうか。

人間と自然環境が全体として、有限なのであり、石油やエネルギーの資源があと数十年で枯渇《こかつ》するといった報告も、識者によって一九六〇年代半ば頃からなされてきています。たとえば国際的民間シンク・タンク「ローマ・クラブ」の委嘱によって、MIT（マサチューセッツ工科大学）研究グループは一九七二年、『成長の限界』（メドウズ他、著）という報告書を出してこう警告しています――もし世界人口、工業化、汚染、食料生産、資源の使用など、これらが現在の成長率を維持しつづければ、来る百年以内に地球上のその成長は限界点に達するであろう、と。

国際連合でも、ストックホルムで開催された「国連人間環境会議」における環境活動などの調整にかかわる国連機関「国連環境計画」UNEPの設置（一九七二年）と二十年にわたる具体的な行動計画、「ブルントラント委員会」の一九八七年の報告、一九九二年ブラジルのリオ・デ・ジャネイロで開催された「環境と開発に関する国連会議」（リオ・サミット）など、以降さまざまな会議や提言が、今日にいたるまで続いています。

科学の発展、テクノロジー、高度産業が引き起こした地球規模の環境問題は、生命や生態系のあり方とともに、地球上のさまざまな地域の発展度合いや国家利害、社会体制、民主主義、倫理、さらには宗教観にまでむすびついています。

いまひとつ、道徳や文化、生命の視点をもって自然をとらえていく倫理学者の和辻哲郎(一八八九〜一九六〇)をみてみましょう。和辻も、デカルトのコギトを批判します。つまり、人間は孤立したばらばらな個人ではなく、さまざまな「間柄」において捉えられる存在だというのです。個人の意識ではなく、「間柄」における行動やふるまいのなかに倫理のありかを求める方法がとられ、それは「個人意識」の問題でないことが示されていきます。学問もまた、「探究的な間柄」においてあり、学び問うことはそうした人間の行ないであり、探求される「こと」は、人間の間柄に公共的に存します。デカルトの問いと探求も、個人の意識は仮設にすぎず、「実は人間の問い」なのです。

和辻によれば、考える私以外の、一切が疑われても、学者の間に存する共同の学問は疑われていない、デカルトの方法的懐疑は、歴史的社会的に「学者の間の問い」として発生したのであり、「我れのみの立場」から出たのではない、というのです(『人間の学としての倫理学』)。

和辻の代表作『風土――人間学的考察』(昭和十年)をみましょう。和辻のいう風土は、自然環境としての、あるいは自然科学の対象としての風土よりも、「ある土地の気候、気象、地質、地味、地形、景観などの総称」であり、生活の手段や様式も風土とかかわって成立します。食物や料理の様式なども深くかかわり、風土の現象はさらに、芸術や風習、宗教など、「あらゆる人間生活の表現のうち」にまで見いだされています。こうして、地域によって異なる特色をもった環境としての自然を、気候だけでなく、地形、水、土壌、植生や、さらに食物や料理、歴史的建造物、宗教にいたるまで多くの要素を含めて、人間のとらえ方とつなげて類型化しました。この著作は、近年フランスの地理学者・日本学者たちにも注目されています。気象や植物などの空間を構成するものと、そこにいると精神(心)が能動的になる場所のようなものが、互いに作用しあい、組み合わさってつくられる風土が注目されるのです。文化・空間・自然が相関的にとらえられ、地球が私たちの住む「風土」となるのです。

5　二十一世紀に生きる私たちにとって

資源が有限であり、しかもエネルギー資源の枯渇が見えてきた現在、近代の限りない進歩と発展はありえないし、楽観的な未来というものはないでしょう。外延的でなくて、いわば閉じた地球の自然そのものを考えなくてはならないかもしれません。他の極においてたとえば、イスラームの原理主義が進歩を否定し、イスラームの文化と社会にとって近代化は失うもののほうが大きいという視点と立場があるかもしれません。しかし明治以降の近代化のなかに生きている私たちには、科学や技術によってなしうる探求はやはり必要不可欠です。

近代以降、科学・技術は巨大な展開をなしとげました。近代は進歩と発展を掲げて、大きく成長してきたといえます。

その結果としてさまざまな地球規模の問題が生じています。経済におけるグローバル化、経済や技術の豊かさの実現と表裏一体のような地球環境の破壊、温暖化、気候変動――低気圧は巨大化して豪雨や干ばつの被害はすさまじい、生物の多様性はおそるべき速度で減少している、酸性雨は森林を傷つける。二十世紀に入ってから、戦争による死者の数は、桁違《けたちが》いに大きくなっています。科学の発展、テクノロジー、高度産業が引き起こした地球規模の環境問題は、生命や生態系のあり方とともに、深刻なレヴェルに達しているといえるでしょう。

デカルトの哲学、学問観、科学への立場にこうした近代の進歩と発展の流れの源泉をみる向きもあります。近代以来発達してきた学問は、発展の結果ともいえますが、現在では、自然科学から人文系の学問にいたるまで極度に専門化、細分化しています。

このように知識や学問が高度に複雑化したなかで、単純なかたちでその答をみつけることは難しいといわざるをえません。哲学史においても多くの哲学者がデカルトを批判していますす。現代思想はある意味で、デカルト批判が多様な方向に展開されているともいえます。

たとえば、近代的二元論や主体のあり方に対して、さまざまな角度から再検討がなされています。生きる身体や知覚をとおして、主体としての人間とそのかかわる自然をとらえなおそうとする現象学、心に無意識の基底から光をあて、文化や自然を見なおす精神分析、他方、脳科学の発展による心の解明、コンピューターや人工知能の発達、……等々。

現代にいたるこうした流れのなかで、ともかく、デカルト自身が語ったこと、考えたことを、この小さな本をとおして直接に読んでみましょう。デカルトの生き方や、その合理的ともいえる考え方には、賛否両論があるでしょう。また、いろいろな解釈が可能かもしれませんが、そこには、デカルトの生涯を語る魅力に富む話と、彼の探究のきっかけとなった状況から始まって、一つの哲学を告げる序曲のなかに、デカルト自身が目のあたりに存在しているのですから。

参考文献

デカルト『方法序説』谷川多佳子訳、岩波文庫、一九九七年
デカルト『方法叙説』三宅徳嘉・小池健男訳、白水Uブックス、二〇〇五年
デカルト『方法序説・情念論』野田又夫訳、中公文庫、一九七四年
デカルト『方法序説』山田弘明訳、ちくま学芸文庫、二〇一〇年
野田又夫『デカルト』岩波新書、一九六六年
所雄章『デカルト　I』勁草書房、一九六七年

小林道夫『デカルト入門』ちくま新書、二〇〇六年
小泉義之『デカルト＝哲学のすすめ』講談社現代新書、一九九六年
谷川多佳子『デカルト『方法序説』を読む』岩波現代文庫、二〇一四年
田中仁彦『デカルトの旅／デカルトの夢』岩波現代文庫、二〇一四年
ジュヌヴィエーヴ・ロディス＝レヴィス『デカルト伝』飯塚勝久訳、未来社、一九九八年
西田幾多郎『善の研究』岩波文庫、一九七九年
和辻哲郎『風土』岩波文庫、一九七九年

〈知の航海〉シリーズの発刊に際して

日本の科学者集団を代表する日本学術会議は、中学生にも理解できる水準とやさしい表現で学術の先端的な情報を提供し、若い読者の学術への関心を呼びおこすことを、重要な任務のひとつとしています。このたび岩波ジュニア新書のサブ・シリーズとして発足する〈知の航海〉シリーズは、おもな読者層として中学生、高校生を想定して、日本学術会議が贈る「学術への招待状」です。日本学術会議第二〇―二一期の金澤一郎会長の発案によるこのシリーズが、若い読者にとって「知の羅針盤」として役立てば幸いです。

〈知の航海〉シリーズには、二つのタイプの本が収録されます。第一のタイプは、ある学術分野の研究者が、自分の研究分野の最新の成果を興味深く解説して、読者を学術のフロンティアに誘います。第二のタイプは、現代社会が直面している難問を学術の立場から理解する手がかりと、読者がこれらの難問の解決方法をみずから模索するきっかけを提供します。

日本の学術が、人間の幸福と社会の福祉の改善に貢献することを信じつつ、この招待状をお届けしたいと思います。

〈知の航海〉シリーズ編集委員会を代表して

鈴村興太郎

小島　毅
1962年生まれ．東京大学大学院人文科学研究科修士課程修了．専門は中国思想史，特に経学(経典の解釈学)の歴史と儒教の王権論を研究．近著に『儒教の歴史』(山川出版社)，『天皇と儒教思想』(光文社新書)，『儒教が支えた明治維新』，『志士から英霊へ』(ともに晶文社)など．

知の古典は誘惑する　　岩波ジュニア新書 875
〈知の航海〉シリーズ

2018年6月20日　第1刷発行

編著者　小島《こじま》　毅《つよし》

発行者　岡本　厚

発行所　株式会社　岩波書店
〒101-8002 東京都千代田区一ツ橋 2-5-5
案内 03-5210-4000　営業部 03-5210-4111
ジュニア新書編集部 03-5210-4065
http://www.iwanami.co.jp/

印刷・三陽社　カバー・精興社　製本・中永製本

ISBN 978-4-00-500875-9　　Printed in Japan

岩波ジュニア新書の発足に際して

きみたち若い世代は人生の出発点に立っています。きみたちの未来は大きな可能性に満ち、陽春の日のようにひかり輝いています。勉学に体力づくりに、明るくはつらつとした日々を送っていることでしょう。

しかしながら、現代の社会は、また、さまざまな矛盾をはらんでいます。営々として築かれた人類の歴史のなかで、幾千億の先達《せんだつ》たちの英知と努力によって、未知が究明され、人類の進歩がもたらされ、大きく文化として蓄積されてきました。にもかかわらず現代は、核戦争による人類絶滅の危機、貧富の差をはじめとするさまざまな人間的不平等、社会と科学の発展が一方においてもたらした環境の破壊、エネルギーや食糧問題の不安等々、来るべき二十一世紀を前にして、解決を迫られているたくさんの大きな課題がひしめいています。現実の世界はきわめて厳しく、人類の平和と発展のためには、きみたちの新しい英知と真摯《しんし》な努力が切実に必要とされています。

きみたちの前途には、こうした人類の明日の運命が託されています。ですから、たとえば現在の学校で生じているささいな「学力」の差、あるいは家庭環境などによる条件の違いにとらわれて、自分の将来を見限ったりはしないでほしいと思います。個々人の能力とか才能は、いつどこで開花するか計り知れないものがありますし、努力と鍛練の積み重ねの上にこそ切り開かれるものですから、簡単に可能性を放棄したり、容易に「現実」と妥協したりすることのないようにと願っています。

わたしたちは、これから人生を歩むきみたちが、生きることのほんとうの意味を問い、大きく明日をひらくことを心から期待して、ここに新たに岩波ジュニア新書を創刊します。現実に立ち向かうために必要とする知性、豊かな感性と想像力を、きみたちが自らのなかに育てるのに役立ててもらえるよう、すぐれた執筆者による適切な話題を、豊富な写真や挿絵とともに書き下ろしで提供します。若い世代の良き話し相手として、このシリーズを注目してください。わたしたちもまた、きみたちの明日に刮目《かつもく》しています。（一九七九年六月）